# 500만 독자 여러분께
# 감사드립니다!

세상에
책까지 아두

없습니다.

길벗은 독자 여러분이
가장 쉽게, 가장 빨리 배울 수 있는 책을
한 권 한 권 정성을 다해 만들겠습니다.

독자의 1초를 아껴주는
정성을 만나보세요.

미리 책을 읽고 따라해 본 2만 베타테스터 여러분과
무따기 체험단, 길벗스쿨 엄마 2% 기획단,
시나공 평가단, 토익 배틀, 대학생 기자단까지!

믿을 수 있는 책을 함께 만들어주신
독자 여러분께 감사드립니다.
500만 독자 여러분께
감사드립니다!

# 웹툰 작가를 꿈꾸는 많은 분들이 믿고 선택한 책

『웹툰 제작 무작정 따라하기』 독자 분들의 생생한 도서 후기를 만나보세요!

★★★★★

상세한 설명과 알찬 구성으로 혼자서도 웹툰 그리는 방법을 쉽게 익힐 수 있었어요!
이제 막 웹툰을 시작한 사람들에게 강력 추천해요.

G******o님

웹툰 제작 프로그램의 선택부터 컷, 효과, 배경 나누기까지
웹툰 제작 기초를 탄탄하게 다질 수 있도록 도와줍니다. 웹툰 작가가 되고 싶다면 이 책을 선택하세요.

뫌*님

이 책을 한 장 한 장 무작정 따라하다보면 나만의 웹툰이 완성되어 있어요.
웹툰의 첫 걸음, 웹툰 제작 무작정 따라하기로 힘차게 시작했어요.

도*미님

웹툰 작가가 꿈인 딸을 위해 이 책을 선물했어요. 친절한 설명과 자세한 구성으로
웹툰 작가 지망생인 아이들에게 안성맞춤인 책입니다.

보**녀님

웹툰이 어떻게 만들어지는지 알 수 있는 기회가 되었어요. 웹툰 기획의 시작부터 제작,
완성까지 꼼꼼하게 배울 수 있어 추천합니다.

*ai*y2*님

웹툰을 보기만 하다 나도 한번 그려보고 싶다는 생각이 들어 구입했어요.
웹툰을 취미로 시작했지만 이 책 덕분에 웹툰 제작에 대한 자신감이 생겼습니다.

눈*라*님

처음 시작하는 웹툰 작가를 위한

# 웹툰 제작 최신판 무작정 따라하기

## 좋아하는 일을 직업으로, 웹툰 작가로 덕업일치하기!

1

만화가 제일 재미있어 ~ ★

까득

만화를 보고 그리는 것이 낙이던 어린 시절

2

하지만 장래희망을 물으신다면

비즈니스 우먼입니다. 돈 잘 벌 것 같잖아요.

$

초딩

그 때는 좋아하는 일이
직업이 될 수 있을 거라고 생각도 못 했다

3

감동☆

진짜 너무 재밌어욱ㅋㅋㅋ

자까님 다음화 내놔요

내 웹툰을 응원해주는 팬분들이 있다니..!

하지만, 이젠 누구나 웹툰을 올리고
누구에게나 보여줄 수 있는 시대!

4

내 상상을 웹툰으로 그려내는 일이라니!

직업 만족도 별이 다섯개! ★★★★★

덕질하는 것이 직업이 되는,
덕업일치를 함께 해보러 갈까요?

처음 시작하는 웹툰 작가를 위한

# 웹툰 제작 무작정 따라하기
### by 포토샵, 메디방 페인트
Making Webtoon by Photoshop MediBang Paint

**초판 발행** · 2021년 12월 15일

**지은이** · 로웰씨, 시안
**발행인** · 이종원
**발행처** · (주) 도서출판 길벗
**출판사 등록일** · 1990년 12월 24일
**주소** · 서울시 마포구 월드컵로 10길 56(서교동)
**대표 전화** · 02) 332-0931 | **팩스** · 02) 323-0586
**홈페이지** · www.gilbut.co.kr | **이메일** · gilbut@gilbut.co.kr

**기획** · 최근혜(kookoo1223@gilbut.co.kr) | **책임 편집** · 박슬기(sul3560@gilbut.co.kr)
**표지 · 본문 디자인** · 유어텍스트 | **제작** · 이준호, 손일순, 이진혁 | **영업마케팅** · 전선하, 차명환
**영업관리** · 김명자 | **독자지원** · 송혜란, 홍혜진, 윤정아

**편집진행** · 방세근 | **전산편집** · 이용희 | **CTP 출력 및 인쇄** · 두경m&p | **제본** · 경문제책

**ISBN 979-11-6521-795-2 03000**
(길벗 도서번호 007116)

정가 22,000원

**독자의 1초까지 아껴주는 정성 길벗출판사**

· · · · · · · · · · · · · · · · · · · · · · · · · · · · · · · · · · · · · · · · · · · · · · · · · · · · · · · · · · · ·

**길벗** IT단행본, IT교육서, 교양&실용서, 경제경영서
**길벗스쿨** 어린이학습, 어린이어학

페이스북 | www.facebook.com/gilbutzigy
네이버 포스트 | post.naver.com/gilbutzigy

최신판

처음
시작하는
웹툰
작가를
위한

# 웹툰 제작

## 무작정 따라하기

로웰씨·시안 지음

길벗

PROLOGUE

## 머리말

◆

# 누구나 즐겨보는 웹툰, 나도 그릴 순 없을까?

어린 시절 만화책을 빌려보던 것부터 시작해, 어느 순간 매일 웹툰을 챙겨보는 것이 일상이 되었습니다. 웹툰에 흠뻑 빠져있을 때, '나도 웹툰을 그려볼까?'라는 생각이 들었습니다. 작가의 상상력으로 창작된 세계관과 웹툰 캐릭터들이 무척 매력적이라고 느껴진 것이죠.

하지만 저는 그림을 배워본 적도, 그림을 잘 그리는 편도 아니었습니다. 웹툰을 그릴 때 어떤 프로그램이 필요하고, 어떤 장비가 필요한지조차 몰랐죠. 제가 처음 웹툰을 독학하기로 마음먹었을 때, 인터넷에 검색해도 정보가 많지 않던 시절이었습니다. 그래서, 하나하나 시행착오를 겪어나가며 무작정 포토샵으로 웹툰 그리는 방법을 익히기 시작했습니다.

◆

# 웹툰을 그리는 재미, 모두가 느꼈으면 좋겠다!

백지 위에 내가 만들어낸 캐릭터들이 살아 움직이고, 내 머릿속의 스토리가 웹툰으로 그려지는 것은 무척 재밌는 일입니다. 거기에다, 독자들이 내 웹툰을 보고 응원을 해줄 때의 짜릿함은 말로 표현하기 어렵죠. 웹툰을 사랑하는 여러분들이 조금이라도 쉽게 웹툰을 그리는 재미를 알게 되길 바라는 마음에 이 책을 썼습니다. 열정만 가득 가지고 막무가내 웹툰을 독학하면서 배운 노하우를 꾹꾹 눌러 담아서요.

◆

# 아이패드부터 포토샵까지, 다양한 장르를 아우르는 실전 노하우

이 책은 2017년에 출간된 『웹툰 제작 무작정 따라하기』에서 업데이트된 최신판입니다. 그동안 바뀐 웹툰 트렌드에 따라서, 기존 책 대비 거의 모든 내용이 새로 집필되었습니다. 웹툰 그리는 도구의 다양화에 맞춰 〈아이패드로 웹툰 제작&완성하기〉와 〈포토샵으로 웹툰 제작&완성하기〉로 구성하였습니다. 각 툴과 프로그램을 활용해서 웹툰 콘티부터 시작해서 스케치, 채색, 특수효과까지 웹툰 제작할 때 필요한 A~Z 단계를 담고 있죠. 또한, 〈퀄리티 높이는 웹툰 배경 만들기〉에서는 웹툰에서 많이 사용되는 주요 배경들을 직접 만들어 봅니다. 마지막으로, 〈장르별 웹툰 만들기〉에서는 SNS툰, 판타지툰, 액션물, 오피스툰부터 아포칼립스까지 다양한 장르의 웹툰 제작 실전팁을 다룹니다.

◆

# 웹툰, 누구나 쉽게 그릴 수 있다!

요즘은 누구나 내 이야기를 온라인과 SNS에 공유하기 쉬운 시대입니다. 그림이 뛰어나지 않아도, 스토리가 영화 빰치지 않아도 공감되는 포인트가 있다면 팬분들이 즐겁게 웹툰 작품을 소비합니다. 다양한 스토리를 상상하는 것을 즐거워하고, 또 다른 사람들과 함께 내 이야기를 공유하고 싶다는 열정을 가졌다면 누구든지 웹툰 작가가 될 수 있습니다. 이 책이 그런 꿈을 펼쳐내는 데 작은 도움이 되었으면 좋겠습니다. 웹툰 작가를 꿈꾸는 여러분들을 진심으로 응원합니다.

김다솔 (순진한 로웰씨)

---

**로웰씨의 웹툰 이야기를 만나보세요!**

네이버 웹툰에서 '순진한 로웰씨'를 입력하면 이 시대의 직장인 로웰이의 병맛 일상툰 〈순진한 로웰씨〉를 볼 수 있어요. 또, 작가가 직접 운영하는 블로그(https://blog.naver.com/dasol1414)에서 웹툰 제작에 관한 다양한 정보도 얻을 수 있답니다.

▲ '순진한 로웰씨' 웹툰　　▲ 김로웰 작가 블로그

아이패드에서 메디방 페인트로 웹툰을 제작&완성하는 방법을 알아보고, 포토샵에서 웹툰을 제작&완성하는 방법을 알아봅니다. 또한 웹툰에서 많이 사용되는 웹툰 배경을 만들어 보고 장르별 웹툰을 제작해 봅니다.

## 아이패드로
## 웹툰 제작&완성하기

메디방 페인트의 주요 기능을 익힌 후에 메디방 페인트로 웹툰을 스케치하고 채색 및 웹툰 효과를 연출하는 방법에 대해 알아본다.

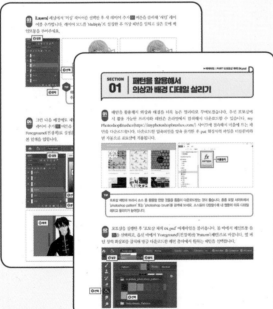

## 포토샵으로
## 웹툰 제작&완성하기

포토샵의 주요 기능을 익힌 후에 포토샵으로 웹툰을 스케치하고 애니메이션식 채색 방법과 다양한 특수 효과 연출 방법을 알아본다.

# 퀄리티 높이는
# 웹툰 배경 만들기

웹툰에서 많이 사용되는 하늘을 그려
보고 사진으로 생동감 넘치는 배경을
만든 후에 웹툰 원고에 배경을 적용하
는 방법을 알아본다.

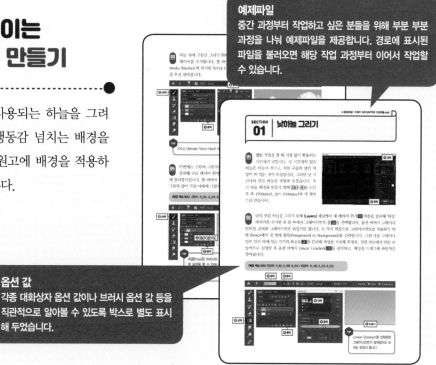

**예제파일**
중간 과정부터 작업하고 싶은 분들을 위해 부분 부분
과정을 나눠 예제파일을 제공합니다. 경로에 표시된
파일을 불러오면 해당 작업 과정부터 이어서 작업할
수 있습니다.

**옵션 값**
각종 대화상자 옵션 값이나 브러시 옵션 값 등을
직관적으로 알아볼 수 있도록 박스로 별도 표시
해 두었습니다.

# 장르별 웹툰 만들기

아이패드로 심플한 SNS툰을 그리고
화려한 판타지도 그려본다. 포토샵으
로 역동적인 액션물을 그리고 스케치
업으로 3D 배경으로 실감나는 오피스
툰을 그려본다.

**TIP**
따라하기 과정에서 추가로 알아두면 좋을 내용이나 저자만의 작업
노하우를 담고 있으므로 꼼꼼히 챙겨 읽으면 좀 더 편하게 작업할
수 있습니다.

CONTENTS
차례

## PART 06 퀄리티 높이는 웹툰 배경 그리기

### CHAPTER 01 활용도 높은 하늘 그리기

# PART 07 실전! 장르별 웹툰 그리기

**부록**
**파일**

**예제 및 완성파일 사용하기**

예제 및 완성파일은 길벗 홈페이지(www.gilbut.co.kr)에서 다운로드할 수 있습니다. 검색창에 도서 이름을 입력하여 해당 도서를 검색하고 필요한 자료를 찾아 다운로드 받아 사용하세요.

# PART
# 01

# 웹툰 작가로 데뷔하기

웹툰의 가장 큰 매력은 내 상상력을 마음껏 표현할 수 있다는 것입니다. 내가 구현해 낸 작품에 많은 사람들이 응원하고 댓글을 남기면 벅차오름까지 느껴지죠. 웹툰 시장이 폭발적으로 성장하면서 웹툰 플랫폼과 웹툰 작가에 대한 대우 또한 매우 좋아지고 있습니다. 이렇게 매력적인 웹툰 작가가 되기 위해서는 먼저 성장하는 웹툰 시장과 플랫폼 등을 살펴보고, 내게 맞는 웹툰 장르를 찾아야겠지요. 그런 다음 웹툰 작가로 데뷔하는 다양한 루트와 방법을 알아야 합니다. 그리고 본격적으로 웹툰 원고를 그리기 전에 웹툰 소재를 발전시키고 자료조사를 구체화해 캐릭터 콘셉트를 잡고, 시놉시스와 콘티를 제작합니다. 1파트에서는 웹툰 작가가 되기 위한 전체적인 과정을 살펴보겠습니다.

# CHAPTER
# 01

# 웹툰과 친해지기

이 책을 읽는 독자 여러분은 웹툰을 좋아하고 웹툰에 깊은 애정을 갖고 있을 거예요. 웹툰을 읽는 것이 즐겁고, 머릿속에는 웹툰으로 구현하고 싶은 아이디어가 가득하겠죠. 하지만 어디서부터 시작해야 할지 막막할 수도 있습니다. 빠르게 변화하고 성장하는 웹툰 시장을 따라잡기 어려울 수도 있죠. 이번 장에서는 그런 독자 여러분이 웹툰 작가로 데뷔하는 첫 발자국을 뗄 수 있게 '웹툰'이라는 친구와 친해져 보도록 할게요.

# 웹툰 작가 준비 전 알아두면 좋은 것들

## ① 웹툰 관련 교육을 받아야 할까?

필자가 만나본 웹툰 작가를 꿈꾸는 사람들 중 많은 분들이 웹툰 작가가 되기 위해선 그림 실력이 뛰어나거나 웹툰/애니메이션 학과의 졸업장이 필요하다고 생각하는 것은 물론, '전문 교육을 받지 않아도 웹툰 작가로 데뷔할 수 있을까?'라는 걱정 때문에 도전조차 하지 못하고 있었습니다. 하지만 국내 웹툰 작가 실태조사 결과, 웹툰 관련 교육을 받지 않은 작가가 33.1%에 달했습니다. 즉, 10명 중 3~4명은 웹툰이나 미술을 전공하지 않고 웹툰 작가가 되었다는 것을 알 수 있죠.

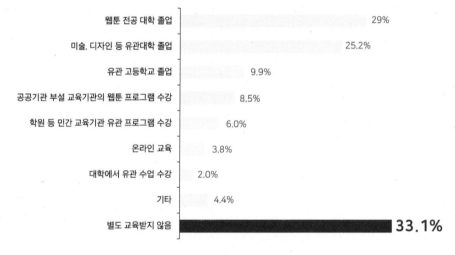

| | |
|---|---|
| 웹툰 전공 대학 졸업 | 29% |
| 미술, 디자인 등 유관대학 졸업 | 25.2% |
| 유관 고등학교 졸업 | 9.9% |
| 공공기관 부설 교육기관의 웹툰 프로그램 수강 | 8.5% |
| 학원 등 민간 교육기관 유관 프로그램 수강 | 6.0% |
| 온라인 교육 | 3.8% |
| 대학에서 유관 수업 수강 | 2.0% |
| 기타 | 4.4% |
| 별도 교육받지 않음 | **33.1%** |

※ 출처 : 2019 웹툰 작가 실태조사_한국콘텐츠진흥원 / (n=504, 단위 : 복수 응답%)

웹툰은 웹(WEB)에서 연재하는 툰(TOON)을 말합니다. 디지털로 원고 작업을 하고, 온라인에서 웹툰을 감상한다는 것이 가장 큰 특징입니다. 그래서 누구나 웹툰 독자가 될 수 있고, 누구나 오픈된 공간에 웹툰을 올릴 수 있습니다. 웹툰 포털에서 아마추어 작가를 위한 플랫폼을 만들고 나서 웹툰 시장이 폭발적으로 성장하게 되었습니다. 그만큼 웹툰 시장은 누구에게나 오픈되어 있습니다.

## ② 웹툰 시장은 계속해서 성장하고 있다

### 국내 웹툰 기업들의 매출

2020년에 'K-웹툰'이라는 신조어가 생겼습니다. 웹툰 강국으로 떠오른 대한민국의 세계적인 인기 열풍을 지칭하는 단어입니다. 우리의 생활이 급속도로 비대면화되면서 웹툰의 인기가 전 세계적으로 퍼진 것이죠. 국내 웹툰 기업들의 해외 진출이 이루어지면서 2020년에는 1조 원대의 매출을 돌파했습니다.

**국내 웹툰 기업들의 매출**

| 2016년 | 2017년 | 2018년 | 2019년 | 2020년 |
| 5,485억 원 | 7,240억 원 | 8,805억 원 | 9,000 억원대 | 1조 원대 |

※ 출처 : KT경제경영연구소 & 한국콘텐츠진흥원

## ③ 다양해진 플랫폼에 따른 웹툰 종류

웹툰 시장이 폭발적으로 성장하면서 웹툰의 플랫폼이나 종류 또한 변화를 겪었습니다. 초기에는 포털 사이트의 서비스로 시작했지만, 이제 수많은 독립적인 웹툰 플랫폼들이 생겼고 플랫폼의 성격에 따라 웹툰의 종류도 다양해졌죠.

### 스크롤 웹툰

일반적으로 많이 보이는 웹툰의 유형입니다. 기존의 출판만화처럼 한 페이지에 정해진 컷이 들어가는 구조가 아니라 웹의 특성상 세로로 계속해서 컷을 연결시킬 수 있죠. 세로로 무한정 캔버스가 펼쳐지기 때문에 웹툰만이 가능한 다양한 연출을 시도해 볼 수 있습니다.

## 컷툰

스마트폰에 특화된 방식의 웹툰으로, 컷을 하나하나 넘기면서 볼 수 있습니다. 각각의 컷마다 댓글을 달 수 있고, SNS로 짤처럼 공유하기 편해서 독자들의 참여가 활발한 편입니다.

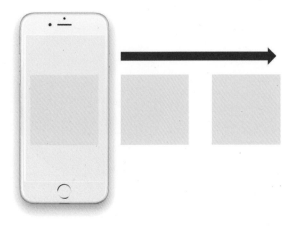

## SNS 웹툰

페이스북, 인스타그램과 같은 소셜 미디어에서 연재하는 웹툰의 유형입니다. 누구나 올릴 수 있으며, SNS의 특성상 가볍게 읽을 수 있는 그림체와 스토리 위주입니다. 플랫폼에 소속되거나 원고료를 받지는 않지만, 기업들의 광고나 협찬을 통해 수익을 낼 수 있습니다.

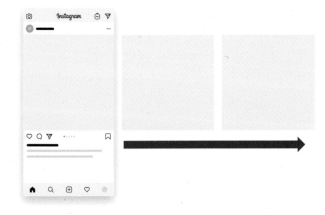

## 1  좋아하는 웹툰 장르는?

웹툰 작가는 자신이 원하는 이야기를 다양하게 그려낼 수 있습니다. 어떤 식으로 이야기를 진행해 나가고, 어떤 메시지를 전달할지에 따라 웹툰의 장르가 정해지죠. 웹툰 각각의 장르마다 어떤 특징이 있는지 파악하면 내 스타일에 가장 잘 맞는 장르를 선택할 수 있습니다.

한 조사에 따르면 웹툰 장르 인기 순위 1위는 연애/순정(25%)이 차지했습니다. 2위는 개그/유머(24%), 3위는 어드벤처/모험(10%)입니다. 그 외에도 미스터리, 일상, 스릴러 등 다양한 장르가 존재합니다.

### 웹툰 장르 인기 순위

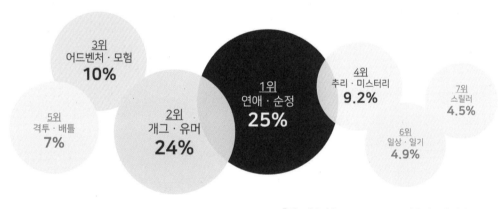

3위
어드벤처 · 모험
**10%**

4위
추리 · 미스터리
**9.2%**

7위
스릴러
**4.5%**

1위
연애 · 순정
**25%**

5위
격투 · 배틀
**7%**

2위
개그 · 유머
**24%**

6위
일상 · 일기
**4.9%**

※ 출처 : 패널 나우, 2020. 05. 10~14, 전국 만 14세 이상 36,796명

## 2  로맨스툰

#심쿵 #대리설렘 #연애로망

로맨스툰은 가장 인기 있는 장르로, 남녀 주인공의 달달한 케미가 독자들에게 대리만족을 느끼게 합니다. 남녀 주인공의 만남으로 시작해서 감정이 쌓여가는 과정을 그려나갑니다. 로맨스툰에는 풋풋한 청춘들의 설레는 학원물 로맨스, 직장에서 펼쳐지는 어른들의 오피스 로맨스, 색다른 세계관의 판타지 로맨스 등이 있습니다.

## 청춘 로맨스물

풋풋한 청춘들의 로맨스를 다루기 때문에 배경이 고등학교나 대학교인 경우가 많습니다.

## 오피스 로맨스물

직장에서 벌어지는 어른들의 연애로, 풋풋한 느낌보다는 성숙하고 짜릿한 느낌이 강합니다.

## 로맨스툰을 그릴 때 고려해야 할 점

### ❶ 내가 가진 로망 대리 실현하기

로맨스툰에서 가장 중요한 것은 독자들로 하여금 캐릭터들의 관계에 설레게 만드는 것입니다. 즉, 작가 입장에서도 감정이입을 할 수 있어야 합니다. 최대의 설렘 포인트를 끌어내기 위해 평소에 꿈꿔왔던 로망을 그려내야 하죠. 자신의 경험담, 친구의 연애썰, 또는 드라마에서 설정했던 관계성이나 상황을 떠올려보세요.

### ❷ 캐릭터들의 매력적인 케미 만들기

로맨스툰만큼 캐릭터들 간의 입체적인 관계가 돋보이는 장르도 없습니다. 사람 간의 관계는 복잡하기 때문에 일련의 사건을 거치며 서로의 감정은 끊임없이 변화합니다. 친구에서 썸 타는 관계로, 그리고 애인으로 발전하는 정석적인 관계도 있죠. 하지만 원수나 라이벌에서 친구나 호의적인 관계로 발전하는 신선한 케미도 만들어 볼 수 있겠죠?

### ❸ 진부한 클리셰 피하기

가장 인기 있는 장르인 만큼 로맨스에서는 비슷비슷한 설정이 많습니다. 신데렐라 여자주인공과 재벌 남자주인공 같은 뻔한 설정으로는 독자들의 흥미를 끌기 어렵습니다. 캐릭터에 반전 매력이나 독특한 설정을 추가해 차별화 포인트를 주는 것이 중요합니다. 독자들에게 새롭게 다가갈 수 있는 장치들을 고민해 보세요.

# ③ 일상툰

## #내가주인공 #공감백퍼 #소소한이야기

일상툰은 작가가 주인공으로 등장해서 나만의 이야기를 그려내는 장르입니다. 보통 일상툰의 캐릭터는 2~3등신의 간단한 미니미 캐릭터로 그립니다. 다른 장르보다는 그림이나 연출이 간단하지만, 그만큼 소재나 캐릭터의 매력도가 중요하죠. 누구나 한 번쯤 겪어봤을 이야기를 다루는 공감형 일상툰이나 독보적인 경험담을 유쾌하게 풀어내는 개그형 일상툰 등이 있습니다.

### 공감형 일상툰

소소한 이야기일지라도 사람들이 공감할 수 있는 내용을 따뜻하게 전달해 볼 수 있습니다. 보는 독자들이 몽글몽글한 느낌을 느끼게 만듭니다.

### 개그형 일상툰

일상이 시트콤 같다면 재미있는 에피소드들에 드라마틱한 연출과 개그감 넘치는 드립을 칠 수 있습니다.

## 일상툰을 그릴 때 고려해야 할 점

### ❶ 뛰어난 관찰력으로 소재 수집하기

일상툰의 주인공은 '나 자신'이므로 내 주변에서 일어나는 모든 일이 소재가 될 수 있습니다. 그러므로 소재가 될 만한 일이 생긴다면 그 자리에서 바로 메모하는 습관이 중요합니다. 스마트폰에 틈틈이 생각나는 소재들을 적어놓고, 나중에 쓸 만한 소재를 한 화의 시나리오로 발전시키는 과정을 거쳐야 합니다.

### ❷ 평범한 이야기에 기승전결 붙이기

일상이 늘 흥미진진하고 드라마틱할 수는 없죠. 평범한 소재도 재미있게 스토리텔링을 한다면 훌륭한 소재가 될 수 있습니다. 캐릭터들의 놀람, 기쁨, 화남 등의 감정표현을 극대화해서 표현하는 것이 중요합니다. 이야기를 풀어내는 형식도 극적인 클라이맥스를 위해 이야기를 잘 쌓아가야 합니다.

### ❸ 친절하게 공감대 형성부터 시작

일상툰이 작가의 개인적인 이야기를 풀어내는 만큼 먼저 독자들과의 공감대를 형성해야 합니다. 나만의 사적인 그림일기가 아닌, 주인공과 주변 인물들에 대한 소개가 친절하게 이루어져야 하죠. 등장인물들과의 관계가 어떤지, 이런 감정 변화가 쌓여가는 이유 등의 서사를 잘 다루어야 합니다.

## ❹ 판타지툰

### #상상력펼치기 #독보적세계관 #초자연적

판타지툰은 나만의 세계관을 창조하고, 현실적으로 불가능한 일들을 마음대로 펼칠 수 있는 장르입니다. 마법, 초능력, 신화 같은 초자연적인 요소가 들어가 독자들의 상상력을 자극합니다.

현실 기반의 배경에서 판타지적 설정이 더해진 현실 기반 판타지부터 신화나 상상의 동물이 등장하는 서양 또는 동양 판타지 등이 있습니다.

## 동양 판타지

동양 판타지는 주술, 신화, 전설 등을 재해석해서 탄생합니다. 동양 신화에 등장하는 용 같은 전설의 동물들이 등장하기도 합니다.

## 서양 판타지

마녀, 신화, 괴물 등이 등장하는 서양 판타지는 배경이나 세계관이 서양 문화를 기반으로 다루어집니다.

## 판타지툰을 그릴 때 고려해야 할 점

### ❶ 상상력을 최대한 발휘하기

판타지툰에서 작가는 세계관을 창조하는 신이나 마찬가지입니다. 비현실적인 설정을 마음대로 펼쳐낼 수 있는 것이 매력인 만큼 최대한 흥미로운 설정을 구상하는 것이 좋겠죠. 평소에 공상을 많이 한다면 좋은 아이디어가 떠오를 때마다 바로 메모해 놓는 것을 추천합니다. 사소한 설정이더라도 두 개가 만나면 새로운 아이디어가 될 수 있습니다.

### ❷ 자료조사 및 설정을 치밀하게 하기

새로운 세계관을 구축하는 것인 만큼 설정이나 조사, 배경 등을 치밀하게 정리해야 합니다. 세계관이 커질수록 설정 오류가 생기기 쉬우므로 세계관 설정을 정리해 놓는 파일이 따로 필요합니다. 실존 신화나 설화를 기반으로 한다면 해당 내용에 대한 철저한 자료조사도 필수겠죠.

### ❸ 독자들에게 세계관의 서사를 이해시키기

독자들은 처음 보는 배경이기 때문에 설정들을 친절하게 설명해 줘야 합니다. 관건은 설명만 줄줄 읊어대는 지루한 연출이 아니라 캐릭터들의 대사나 내레이션에 자연스럽게 녹아들게 표현하는 것이 포인트입니다. 원고 작업할 때 주변 지인들에게 보여주면서 세계관의 서사에 부자연스러운 점은 없는지, 이해는 잘 되는지 피드백을 받는 것이 좋습니다.

## ⑤ 액션툰

### #긴장감최고치 #흥미진진한전개 #주인공성장물

강렬한 액션 신으로 가득 찬 액션툰은 독자들의 스트레스를 날려버릴 수 있는 장르입니다. 강력한 능력을 지닌 주인공이 악당들을 해치워 나가는 모습을 보며 짜릿한 대리만족을 느낄 수 있습니다. 이야기가 진행될수록 주인공도 신체적으로, 정신적으로 성장하는 모습이 관전 포인트 중 하나죠. 주인공이 압도적인 능력을 지닌 먼치킨(팀 플레이 없이 혼자서도 말도 안 되게 강한 능력자) 액션물이나 판타지적 요소가 가미된 능력자 배틀물 등이 있습니다.

### 느와르 액션툰

범죄 등을 다루는 느와르 액션툰에는 총, 칼 등의 무기를 다루는 긴장감 넘치는 액션이 많이 등장합니다.

### 능력자 배틀물

초자연적인 능력을 가진 자들의 치열한 결투를 다룹니다. 불, 물, 번개 같은 원소를 다루는 힘이나 순간 이동, 염력 등의 초능력이 격돌하는 아주 화려한 액션 연출이 가능합니다.

## 액션툰을 그릴 때 고려해야 할 점

### ❶ 액션 신을 그리기 위한 신체 공부하기

액션 신의 특성상 동적으로 움직이는 모습과 신체를 자유자재로 써야 하는 장면들이 많습니다. 그래서 사람의 신체 구조를 잘 파악해야 어색하지 않은 액션 합을 그릴 수 있습니다. 평소에 크로키 연습이나 근육의 모양과 움직임 등을 공부하는 것을 추천합니다.

### ❷ 시원시원하게 전개하기

액션툰은 상대를 쓰러뜨리면서 독자들이 느끼는 카타르시스가 포인트입니다. 이야기 전개상 중간에 고난과 역경을 마주하겠지만, 너무 오랫동안 질질 끌면 답답하겠죠. 시원한 사이다가 적절한 순간에 나오도록 이야기를 구성하는 것이 중요합니다.

### ❸ 능력치의 밸런스 붕괴 피하도록 유의하기

액션툰은 이야기가 진행될수록 점점 강한 악당들이 등장하면서 주인공도 능력치를 키우며 고군분투해 나갑니다. 이때 강했던 캐릭터가 쉽게 패배하는 모습이 등장하면 능력치의 밸런스 붕괴가 생깁니다. 강한 상대를 쓰러뜨릴 경우 충분히 납득할 수 있는 성장 서사를 보여주거나 그럴 수밖에 없는 약점이나 상황 설정이 필요합니다.

# CHAPTER
# 02

# 웹툰 작가에 도전하기

웹툰의 인기가 급상승하면서 자연스럽게 웹툰 작가들에게도 많은 관심이 쏠리고 있습니다. 스타 웹툰 작가들의 억대 연봉이 미디어에서 굉장한 관심을 받고 있죠. 몇몇 웹툰 작가들은 방송과 예능에 출연하며 셀럽으로 등극했습니다. 대중의 큰 관심과 더불어 웹툰 작가는 많은 사람들이 꿈꾸는 직업이 되었습니다. 그렇다면 어떻게 웹툰 작가로 데뷔할 수 있을까요? 대형 웹툰 포털 사이트들은 웹툰 작가 지망생들이 자유롭게 작품을 올릴 수 있는 공간을 마련했습니다. 또한 주기적으로 여러 웹툰 공모전들이 개최되고 있고, 최근에는 SNS 웹툰이 뜨기 시작하면서 웹툰 작가로 데뷔할 수 있는 루트가 다양해졌죠. 이번 장에서는 웹툰 작가에 도전할 수 있는 여러 가지 방법을 살펴보겠습니다.

## SECTION 01 | 도전! 네이버 웹툰에 데뷔하기

### 1 네이버 웹툰 – https://comic.naver.com/

네이버(NAVER)에서 운영하는 네이버 웹툰은 가장 대중적인 웹툰 플랫폼입니다. 현재 가장 많은 작품이 연재되고 있으며, 도전만화와 베스트 도전에는 수십만 명의 웹툰 지망생들이 웹툰을 연재하고 있습니다. 네이버에 연재하는 웹툰 작가가 되면 기본적으로 연재 회차가 수백 회에 이르는 장편 계약이 많아 '웹툰계 공무원'이라고 불릴 정도로 많은 웹툰 작가 지망생들이 꿈꾸는 플랫폼입니다. 여기서는 네이버 도전만화에 연재하는 방법과 베스트 도전 승급 방법, 네이버 웹툰 공모전 출전 방법 등을 알아봅니다.

### 2 네이버 도전만화에 웹툰 등록하기

저작권 침해나 성인물, 폭력물 등의 운영 원칙을 위반하는 작품이 아니라면 누구나 네이버 도전만화에 웹툰을 올릴 수 있죠. 네이버 도전만화에서 베스트 도전으로 승격되면 그 이후에 정식 연재로 스카우트될 수 있습니다.

네이버 웹툰에 들어가서 '웹툰 올리기'를 클릭하면 내 작품을 등록할 수 있습니다. 우선 작품 제목과 형식, 장르, 감성코드, 그림체 등을 설정하고 10자 이내의 작품 요약과 400자 이하의 줄거리를 입력해야 하는데요. 수많은 웹툰 작품들 사이에서 독자들의 눈에 띄기 위해서는 작품 제목과 요약이 흥미를 끌어야 합니다. 후킹할 수 있는 단어나 이질적인 단어의 조합을 써서 시선을 끌어 보세요.

또한 섬네일은 독자들이 클릭할지 말지 결정하는 가장 중요한 요소입니다. 섬네일 이미지는 434×330px(픽셀)로 작은 크기이기 때문에 캐릭터 얼굴 위주의 클로즈업 샷이 좋습니다.

작품 타이틀을 등록했다면 회차를 등록해 줄 차례입니다. 각 화의 부제목을 입력하고, 섬네일 이미지를 등록해야 하죠. 섬네일은 202×120px, 그리고 600×315px의 두 가지 크기 버전으로 등록해 줘야 합니다. 만화 등록은 작업한 원고를 올리는 곳에서 '업로드' 버튼을 클릭해서 등록합니다. 이때 원고의 가로 사이즈는 690px만 가능하며, 세로 사이즈는 제한이 없습니다. 전체 파일의 용량은 50MB까지 가능하지만, 파일 1개의 용량이 5MB이므로 한 화의 원고를 여러 개로 나눠서 업로드해야 합니다. 파일 형태는 gif, jpg 파일만 올릴 수 있기 때문에 업로드 전 이미지 파일로 변환해 줘야 합니다. 작가의 말은 웹툰 회차의 맨 마지막에 노출되며 독자들과 소통할 수 있는 창구이기도 합니다.

## 3 네이버 베스트 도전만화로 승격하기

네이버 도전만화에 꾸준히 연재하면 베스트 도전만화로 승격될 수 있습니다. 작품의 내공(인기도) 점수를 기반으로, 운영진의 정성 평가가 더해져 매달 상위 순위의 도전만화 콘텐츠가 베스트 도전만화로 승격됩니다. 작품의 조회 수, 댓글 수, 별점 등도 중요하지만, 최소 1~2주에 한 번 이상 꾸준히 연재하는 것이 가장 중요합니다.

베스트 도전은 네이버에서 직접 선정한 작품들을 모아놓은 곳으로, 더 많은 독자에게 노출될 수 있는 좋은 기회입니다. 네이버 베스트 도전에 올라온 작품들은 꼭 네이버가 아니더라도 다양한 웹툰 플랫폼에서 연재 제안을 받을 수 있습니다.

## 4 1년 이상의 연재 경력이 있다면 투고하기

만약 네이버가 아닌, 다른 연재처에서 연재한 경력이 있다면 작가 투고에 도전해 볼 수 있습니다. 작가 정보를 등록하고, 차기작의 작품 기획서와 샘플 원고를 업로드하면 됩니다. 투고한 뒤 1개월 이내에 검토 결과를 메일로 안내해 줍니다.

# 도전! 카카오 웹툰에 데뷔하기

## ❶ 카카오 웹툰 _ http://webtoon.kakao.com/

카카오 웹툰은 기존의 다음 웹툰이 개편되어 서비스를 시작한 웹툰 플랫폼입니다. 한국 최초의 웹툰 플랫폼인 다음 웹툰의 작품과 카카오페이지의 인기작들을 서비스하며, 소설 원작 웹툰과 웹툰 원작 작품이 구분되도록 개편되었습니다. 아마추어가 쉽게 도전할 수 있는 웹툰리그를 운영하고 있으며, 랭킹전을 통해 우수한 작품의 작가와 정식 연재 계약을 맺습니다. 보통 시즌제로 웹툰 작가와 계약을 하고, 많은 작품을 영화, 드라마, 연극 등 다양한 부가가치 산업에 진출시킨 것으로 유명합니다. 카카오 웹툰에 데뷔하는 방법을 살펴볼까요?

## ❷ 카카오 웹툰리그에 작품 등록하기

카카오 웹툰에서 웹툰리그로 진입하려면 카카오 웹툰 웹(PC/모바일)의 오른쪽 위 서랍 메뉴에서 '웹툰리그'를 클릭해 주세요. 카카오 웹툰리그에 연재하려면 먼저 작가 등록을 해야 합니다. 웹툰리그 메인 페이지에서 'WEBTOONLEAGUE 웹툰 작가에 도전하세요!' 배너를 클릭하면 작가 등록 페이지가 나옵니다. 작가의 이름 대신 쓸 필명, 작가 대표 이미지와 이메일 공개 여부 설정, SNS 링크 등을 입력하고 '등록' 버튼을 클릭하면 간단하게 작가 등록이 됩니다. '작품등록'을 클릭해 바로 작품을 등록해 보겠습니다.

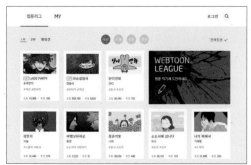

작품명에 등록할 웹툰의 이름을 입력하고, 기본적인 사항들을 선택하거나 입력합니다. 대표 이미지와 작품 설명은 웹툰리그에 바로 노출되기 때문에 작품의 아이덴티티를 드러내는 이미지와 독자들의 눈길을 끌 수 있는 카피를 선정해 주세요. 대표 이미지의 사이즈는 152×90px이며, 크기는 300kb 이하여야 합니다. 형식은 네이버 도전만화와 같이 스토리, 에피소드, 옴니버스 중에서 고릅니다. 장르는 순정, 코믹, 일상 등 다양한 선택지가 있는데 복수 선택할 수 있습니다.

작품 등록을 마친 후 첫 회를 업로드하려면 회차를 등록해야 합니다. 회차 제목을 작성하고, 작품 목록에 노출될 대표 이미지를 등록합니다. 대표 이미지의 사이즈는 152×90px이며, 크기는 300kb 이하여야 합니다. 원고 업로드를 클릭해 가로 760px, 세로 7000px 분할 웹툰 원고 파일을 등록합니다. 장당 4mb로 용량에 제한이 있으므로 한 회차의 원고를 분배해서 업로드합니다.

### ③ 웹툰리그 1부 승급하기

카카오 웹툰리그에도 매달 1일에 퀄리티 있는 작품들을 선정해 1부로 승급하는 시스템이 있습니다. 1부로 승급된 작품들은 웹툰리그의 메인에 노출되어 더 많은 독자가 작품을 볼 수 있게 됩니다. 1부 작품들은 카카오 웹툰에서 비정기적으로 진행하는 랭킹전에 접수할 수 있는 권한이 생깁니다. 웹툰리그 랭킹전에서는 독자 투표를 통해 카카오 웹툰에서 정식 연재할 작품을 뽑습니다. 하지만 아쉽게도 마지막 랭킹전은 2018년 이후로 별도 공지가 올라오지 않은 상태입니다. 대신 카카오 웹툰 편집부가 1~2부 리그의 모든 작품을 주기적으로 검토한 후 개별적으로 연락을 준다고 합니다.

### ④ 경력 작가라면 작품 투고하기

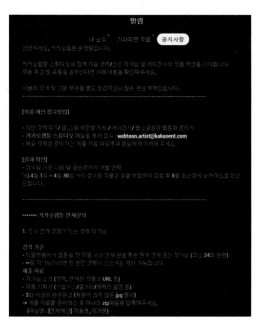

카카오 웹툰에서는 정식 연재 경험이 있는 경력 작가/팀의 작품 투고를 받습니다. 타 플랫폼에서 웹툰을 한 작품 이상 연재 완료했거나 현재 연재 중인 작가(최소 24화 분량) 또는 팀이라면 한 명만 경력이 있어도 제출할 수 있습니다.

제출 자료는 경력 및 연재 작품 URL을 포함한 작가 소개, 시놉시스, 줄거리, 캐릭터 설정 등을 담은 작품 기획서와 3화 이상의 완성 원고입니다. 제출 자료를 준비한 후 zip 파일로 압축해서 webtoon.artist@kakaoent.com으로 접수하면 됩니다. 접수일 기준 다음 달 중순경까지 개별 연락으로 회신을 준다고 합니다. 그 외에도 각색 작가, 그림 작가, 웹소설 원작 웹툰화 문의 등도 받고 있으므로 자신 있는 분야로 도전해 보는 것을 추천합니다.

# 도전! 웹툰 공모전 공략하기

웹툰 포털에서 아마추어 작품을 꾸준히 연재하는 것도 좋지만, 언제 스카우트 제의를 받을지 몰라 조급해질 수도 있습니다. 이럴 때는 주기적으로 개최되는 대형 웹툰 공모전들을 준비하는 것도 방법입니다. 보통 웹툰 공모전은 시놉시스, 몇 화 분량의 완성 원고 및 캐릭터 시트 등을 제출하고 몇 차례에 걸친 심사를 거치게 됩니다. 심사를 통과하고 독자 투표에서 높은 순위를 기록하면 상금과 함께 플랫폼에서 웹툰을 연재할 수 있습니다.

## ❶ 공모전 일정을 모아볼 수 있는 '올콘'
### _ https://www.all-con.co.kr/

올콘은 다양한 공모전 및 대외활동 소식을 모아놓은 플랫폼입니다. 공모전 카테고리에 들어가서 '디자인/그림/웹툰' 카테고리를 클릭하면 관련 공모전 소식 및 일정들이 검색됩니다. 또는 검색창에서 '웹툰'을 검색해서 웹툰 관련 공모전 소식들을 모아볼 수 있죠. 원하는 공모전을 클릭하면 공모 개요, 일정, 지원 자격, 접수 방법 등 관련된 정보들을 확인할 수 있습니다. 틈틈이 올콘에 접속해서 새로운 웹툰 공모전 일정이 업데이트되었는지 확인해 보세요.

## ❷ 네이버 웹툰 지상 최대 공모전 도전하기

네이버에서는 매년 웹툰 & 웹소설 부문에서 지상 최대 공모전을 개최합니다. 상반기와 하반기에 걸쳐서 1기, 2기로 공모전이 열리며, 참가작 접수 → 심사 → 작가 인터뷰 → 결과 발표 순서로 진행됩니다. 보통 연령, 연재 경력 상관없이 누구나 공모전에 도전할 수 있고, 수상자들에게는 상금과 네이버 웹툰 정식 연재 기회가 주어집니다. 제출 서류는 몇 화 분량의 원고와 시놉시스, 캐릭터 시트 등입니다. 심사 기준은 스토리 및 작화에 담긴 창의성과 대중이 몰입해 감상할 수 있는 대중성, 장르적 특성에 적합한 연출과 전개의 완성도를 봅니다.

### ③ 카카오 웹툰 파일럿 웹툰 프로젝트

카카오 웹툰에서 1.8억 제작금을 지원하는 '파일럿 웹툰 프로젝트'를 주최했습니다. 파일럿 웹툰이란, 10화 분량의 스토리 완결성을 가진 단편 웹툰으로, 중장편 작품으로 확장 가능성을 가진 웹툰을 말합니다. 당선작은 카카오 웹툰에 10화 연재하며, 선별된 작품에 한해 중장편 작품으로 정식 연재하는 기회를 가집니다. 지원자격은 경력 무관한 개인 혹은 팀으로, 소재 및 장르도 무관하여 자유도가 높습니다. 작품 기획서, 1화 완성 원고, 2~3화 그림콘티 및 캐릭터 시트를 준비하여 지원할 수 있습니다.

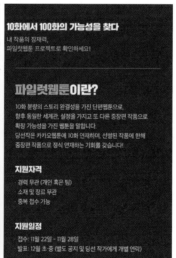

### ④ 카카오페이지 웹툰창조 공모전

'웹툰창조 공모전'은 카카오페이지와 오픈 웹툰 플랫폼 '스토리잼'이 함께 기획한 웹툰 공모전으로, 2021년에 처음으로 개최되었습니다. 웹툰 작가를 꿈꾸고 있는 신인 및 기성 작가 모두 지원할 수 있으며, 전체 연령가 현대물 웹툰의 지원을 받습니다. 수상작은 상금과 카카오페이지 독점 연재 기회가 주어집니다. 제출 서류는 완성 원고 3화, 3화 이후의 콘티, 시놉시스와 캐릭터 시트로, 이메일 접수로 진행됩니다.

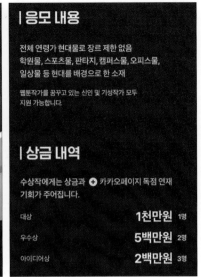

## ⑤ 리디 웹툰 공모전

프리미엄 콘텐츠 플랫폼 리디북스에서 대규모 웹툰 공모전을 진행합니다. 신인 및 경력 작가 또는 팀이 여러 작품을 응모할 수 있으며, 최소 2화의 완성 원고와 캐릭터 시트, 작품 기획서를 제출해야 합니다. 우승작은 상금과 리디북스 연재 기회가 주어지며, 별도 시상 부문으로 IP상을 수여해 웹툰 작품을 기반으로 영상, 애니메이션 등 다양한 2차 저작 사업 시도도 진행합니다.

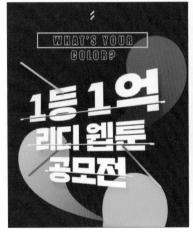

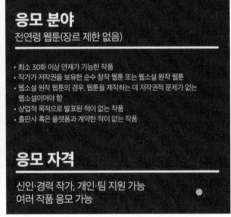

# SECTION 04 | 도전! SNS에 웹툰 올리기

웹툰을 연재하는 데 너무 많은 시간을 쏟아붓기 힘든 분들에게는 SNS 웹툰에 도전하는 것을 추천합니다. SNS 웹툰은 페이스북이나 인스타그램과 같은 SNS에 간단한 컷툰 형식으로 연재하는 것을 말합니다. SNS 계정만 있으면 누구나 연재할 수 있고, 연재 주기에 크게 스트레스받지 않고 취미처럼 도전해 볼 수 있습니다.

인스타그램에서 #인스타툰 해시태그를 검색하면 인스타툰과 관련해 다양한 해시태그의 포스팅이 존재하는 것을 알 수 있습니다. #인스타툰 해시태그만 67만 개가 검색되며, 인기 게시물을 둘러보면 간단한 그림체들이 눈에 띕니다. 모바일의 특성상 퀄리티 높은 그림체보다는 간단한 그림체의 일상툰이 주를 이루고 있으며, 아이패드로 드로잉해 연재하는 분들이 많습니다.

인스타툰은 보통 정사각형 컷을 여러 개 올려서 사람들이 넘겨서 다음 컷을 볼 수 있는 형태로 업로드됩니다. 인스타그램은 최대 10장까지 올릴 수 있어 시리즈물을 연재하려면 나눠서 포스팅을 업로드해야 합니다. 인스타툰을 연재하고 싶다면 정사각형의 컷별 원고를 그려야겠죠. 인스타그램에서는 대부분 정사각형의 이미지를 올리고, 여러 장을 올릴 경우 옆으로 넘기면서 보기 때문에 각 컷별 JPEG/PNG 파일이 필요합니다.

인스타그램에서 오른쪽 위의 '+' 표시를 클릭하고, 피드 게시물을 클릭하면 이미지를 선택할 수 있습니다. 원하는 컷 순서대로 선택합니다. 그런 다음 새 게시물에 대한 멘트와 해시태그를 달고 포스팅을 업로드할 수 있습니다. 해시태그는 #웹툰 #인스타툰 #만화 등을 달아주어 관심 있는 사람들이 유입될 수 있도록 합니다.

**TIP**

## 웹툰 작가를 준비할 때 참고할 플랫폼

웹툰가이드 _ https://www.webtoonguide.com/

웹툰가이드는 웹툰 관련 뉴스, 칼럼 및 인터뷰 같은 정보를 올려놓는 사이트입니다. 웹툰 관련 교육이나 행사 소식들을 확인할 수 있고, 현직 웹툰 작가들의 인터뷰들도 꾸준히 업데이트되어 참고하기 좋습니다. 웹툰 관련 정보를 한곳에서 모아서 확인하고 싶다면 웹툰가이드 사이트를 방문해 보세요. 웹툰 외주 계약 시 주의사항, 예술인 복지제도 안내, 연재 계약 Q&A 등 웹툰 작가를 꿈꾸는 분들에게 유익한 내용들이 많습니다.

'정보' 카테고리에서 웹툰 플랫폼과 에이전시 리스트를 확인할 수 있습니다. 웹툰 플랫폼은 굉장히 다양하고 각 플랫폼마다 주로 다루는 작품 장르/분위기도 다르기 때문에 나에게 딱 맞는 플랫폼이 어디일지 차근차근 볼 수 있죠. 플랫폼을 클릭하면 해당 플랫폼에서 다루는 대표 작품들, 복지 현황 그리고 투고 방법까지 알 수 있습니다.

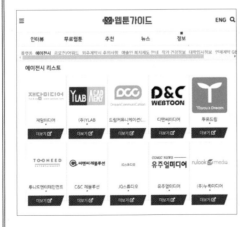

웹툰 에이전시는 웹툰 플랫폼과 연결시켜 주거나 웹툰 작가에 대한 여러 관리 및 지원을 해주는 역할을 합니다. 한마디로 웹툰 작가들의 엔터테인먼트라고 생각하면 됩니다. 플랫폼과의 연계 외에도 작가 매니지먼트, 기획, IP 관리 등에 관여합니다. 혼자서 웹툰 작가로 데뷔하기 막막하다면 웹툰 에이전시의 문을 두드려 보는 것도 방법입니다. 에이전시 리스트에서 여러 웹툰 에이전시의 정보를 확인할 수 있으므로 나와 맞는 에이전시를 찾아보세요.

# CHAPTER
# 03

# 본격적으로
# 웹툰 준비하기

웹툰에 대한 구체적인 준비와 구상 없이 무작정 첫 회를 그리기 시작하면 긴 호흡으로 끌고 가야 하는 웹툰의 특성상 몇 회 그리지 못하고 다음 회에 무엇을 그려야 하나 고민에 빠지게 됩니다. 그러므로 웹툰을 그리기 전에 반드시 준비 단계가 필요합니다. 웹툰 소재를 발전시키고, 자료를 조사한 후 작품을 구체화하고, 캐릭터의 콘셉트를 구상하고, 기승전결 있는 시놉시스를 작성한 다음 글 콘티와 그림 콘티로 연출해야 합니다. 이번 장에서는 본격적인 웹툰 준비 과정에 대해 살펴보겠습니다.

죽음의 신 **하데스**

나이 추정 불가/185cm/男

죽은 자들의 신이자 저승의 지배자
제우스, 포세이돈과 형제지간이지만
사이가 좋은 편은 아니다.

가혹하고 냉정한 신이지만
페르세포네와 사랑에 빠지면서
변화를 겪게 된다.

취미: 케로베로스한테 영혼 던져주기
특기: 납치하기, 협박하기, 요리하기(?)
좋아하는 것: 페르세포네
싫어하는 것: 제우스, 올림포스, 꼰대

# 내게 맞는 웹툰 소재 찾기

## ① 어디에서 소재 아이디어를 얻을 수 있을까?

웹툰 준비의 첫 단계는 '무엇을 그릴 것인가?'를 생각해야 합니다. 흥미로울 것 같은 아이디어의 단초가 떠오른다면 그것을 발전시켜서 '소재'로 삼는 것이죠.

### 나의 일상 관찰하기

내가 다니는 학교, 가정, 직장에서 '이거 웹툰으로 그리면 재미있겠다.' 싶은 캐릭터나 소재를 발견할 수 있습니다. 유심히 관찰하다가 나만의 상상력을 덧붙여서 소재로 발전시킬 수 있습니다.

### 다른 작품에서 모티브 얻기

영화/드라마/책에서 캐릭터 간의 관계나 특정 설정에서 영감을 받는 경우도 많습니다. 예를 들어, 악당이 주인공인 작품을 보고 신선하다 느껴서 내 작품의 주인공을 악당으로 상상해 볼 수도 있겠죠.

### 수다 속 힌트 얻기

의외로 다른 사람과 수다를 떨다가 아이디어가 떠오르는 경우가 있습니다. 문득 재미있는 아이디어라고 생각되면 꼭 메모를 해두세요. 나중에 메모를 보고 더 좋은 아이디어가 떠올라서 하나의 작품 소재로 발전되는 경우가 많습니다.

## ② 웹툰 소재 찾기

### 내가 좋아하는 것을 소재로 다루자

웹툰의 매력은 바로 스토리나 세계관, 캐릭터 등을 모두 작가 마음대로 설정하고 풀어나갈 수 있다는 점입니다. 그러기 위해서는 무엇보다 작가가 웹툰 소재로 삼고자 하는 분야에 대해 잘 알고 있어야 이야기를 풀어내는 데 어려움이 없습니다. 하지만 잘 아는 분야라고 해서 잘 표현할 수 있는 것은 아닙니다. 이야기 소재에 따라 단편으로 끝나기도 하지만, 때로는 긴 시간을 투자해야 할 때도 있습니다. 이처럼 많은 시간을 함께해야 하는 웹툰의 경우 '내가 좋아하는' 것을 찾는 것이 무엇보다 중요합니다.

### 작가가 좋아하는 라이딩을 소재로 한 〈윈드브레이커〉

네이버 웹툰 〈윈드브레이커〉는 자유를 꿈꾸는 청춘들이 스트릿 라이딩을 통해 진정한 자신만의 자유를 찾아나서는 이야기를 담고 있습니다. 스트릿 라이딩이라는 생소한 분야임에도 불구하고 라이딩 대회나 자전거 모델, 스트릿 라이딩 크루 문화에 대해 웹툰에서 생생하게 표현하고 있습니다. 〈윈드브레이커〉 작가 조용석 님은 연재 전부터 라이딩을 취미로 즐겼을 정도로 좋아했다고 합니다. 자신이 좋아하는 분야이기 때문에 전문적인 지식과 생생함을 웹툰에 담아낼 수 있는 것이 아닐까 합니다.

**네이버 웹툰 〈윈드브레이커〉, 조용석 작가님**

윈드브레이커 〈도로전쟁〉

## 내 경험을 소재로 다루자

나의 일상이나 내가 직접 겪은 특별한 경험들을 소재로 다룰 수 있습니다. 이런 웹툰을 '일상툰'이라고 부르는데요. 최근에 웹툰에 입문하려는 작가들이 가장 많이 다루고 있는 소재이기도 합니다. 이처럼 내 경험을 소재로 하면 다른 소재들보다 이야기를 구성하는 데 편리하며, 사람이 살아가는 이야기를 다루는 만큼 많은 사람들이 공감할 수 있다는 장점이 있습니다. 평소 재미있거나 참신하다고 생각한 경험들이 많다면 웹툰 이야기로 만들기에 좋은 소재입니다.

### 알콩달콩 자신의 연애 이야기를 소재로 한 〈윌 유 메리 미〉

〈윌 유 메리 미〉는 띠동갑인 서울 남자와 부산 여자의 장거리 연애 이야기입니다. 이것은 해당 웹툰 작가 마인드C 님의 실화를 다룬 일상툰으로, 외모는 상남자이지만 감성소녀 같은 윌과 외모는 청순녀이지만 터프가이 같은 메리의 톡톡 튀는 에피소드로 웃음을 줍니다. 알콩달콩하고 유쾌한 에피소드가 실화라서 더욱 친근하게 와 닿는 것이 특징입니다.

〈월 유 메리 미〉, 마인드C 작가님

## 역발상을 이용해 소재를 찾자

참신한 설정을 더해 흥미로운 웹툰 소재를 떠올릴 수 있습니다. 기존의 틀에 반전을 주거나 평소에 접하던 것에 역발상을 얹으면 톡톡 튀는 소재를 얻을 수 있습니다. 동화나 신화를 패러디하거나 현실에 판타지적 설정을 더하는 등 다양한 방법으로 독자들의 흥미를 끌 수 있습니다.

### 역발상으로 소재를 다룬 네이버 웹툰 〈뷰티풀 군바리〉

설이 & 윤성원 작가님의 〈뷰티풀 군바리〉는 '여자도 군대에 간다면?'이라는 발상으로 시작합니다. 여 의경들이 겪는 생생한 군대 생활을 흥미진진하게 풀어내 큰 호응을 받았습니다. 여군들을 주인공으로 해 군대를 살짝 다른 시각으로 바라보는 것만으로도 참신한 소재가 된 경우입니다.

### 네이버 웹툰 〈뷰티풀 군바리〉, 설이 & 윤성원 작가님

# 소재를 발전시키는 마인드맵 그려보기

웹툰 소재가 떠올랐다면 해당 소재를 수십 화의 웹툰을 이끌어 나갈 수 있도록 탄탄하게 발전시켜야 합니다. 처음에는 키워드 한두 개로 아이디어가 이루어져 있다면 해당 키워드부터 시작해서 여러 가지 아이디어로 뻗어 나가야겠죠. 이럴 때 유용한 방법이 바로 마인드맵입니다. 즉, 핵심 단어를 중심으로 거미줄처럼 사고가 파생되고 확장되는 브레인스토밍 기법을 활용하는 것입니다. 추천하는 무료 마인드맵 프로그램 중에 'XMIND'가 있습니다. XMIND 사이트에서 프로그램을 다운로드한 후 나만의 마인드맵을 다양하게 만들어 볼 수 있습니다.

**XMIND 사이트 _ https://www.xmind.net/**

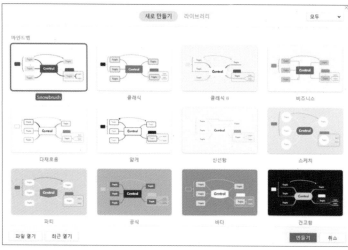

## 예시 ① 내 일상 속에서 소재 발전시키기

종종 주변에서 '너의 일상 자체가 시트콤이다!'라는 이야기를 듣는 사람들이 있습니다. 가만히 일상에서 일어나는 에피소드들을 관찰해 보니 내 일상이 웹툰의 흥미로운 소재가 될 수도 있을 것 같습니다. 그렇다면 내 일상 중에서도 어디를 배경으로 웹툰 작품을 그려낼지 또는 어떤 소재들을 위주로 에피소드를 구상할지 마인드맵으로 정리해 볼 수 있겠죠.

'나'를 메인 키워드로 두고 나에 대해서 떠오르는 키워드들을 가지로 뻗어 나가게 할 수 있습니다. 나의 취미, 꿈, 싫어하는 것, 좋아하는 것 등의 키워드를 나열해 보는 것입니다. 이 중에서 남들이 보기에 차별화되거나 공감할 만한 소재를 뽑아낼 수 있습니다. 또는 마인드맵의 핵심 키워드를 '배경'으로 정할 수도 있습니다. 학교에서 일어날 수 있는 에피소드들을 정리해 보는 것입니다.

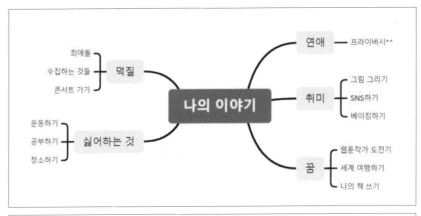

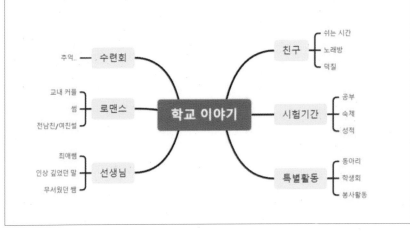

## 예시 2 작품에서 영감받아 소재 발전시키기

필자는 실제로 어렸을 때 읽고 감명 깊었던 소설에서 영감을 받아 웹툰을 구상한 적이 있습니다. 천재 주인공이 어릴 때부터 악당의 손에서 훈련받는 내용이었는데, 그 당시 악당의 시점에서 전개되는 소설이 매우 흥미로웠습니다. '웹툰에 등장하는 모든 캐릭터가 악당이면 어떨까?'라는 생각이 들었고, 이 아이디어에 살을 붙여가며 소재를 발전시켰습니다.

악당이 주인공일 때 어떤 배경에서 이야기가 진행될지를 상상해 보았죠. 아예 악당을 전문적으로 양성하는 기관으로 학교를 배경으로 하면 재미있겠다 싶었습니다. 그러면 어떤 종류의 악당을 양성할까? 이런 식으로 마인드맵의 아이디어가 꼬리에 꼬리를 물고 확장되며 웹툰이 구체화됩니다.

웹툰 소재가 정해졌다면 작품 구성에 디테일을 덧붙이기 위해 자료조사에 들어갑니다. 웹툰의 이야기가 펼쳐지는 배경이나 세계관에 리얼리티와 전문성을 살려주는 작업이죠. 워낙 인터넷에 방대한 자료들이 있으므로 인터넷 리서치로 전반적인 자료조사를 할 수 있습니다. 웹툰 배경이나 캐릭터를 더 섬세하게 비주얼화하기 위해서 이미지 자료도 스크랩합니다. 더욱 심층적인 자료가 필요하다면 전문가 인터뷰나 취재까지 진행할 수도 있습니다.

## ❶ 탄탄한 스토리 구성을 위한 리서치하기

예를 들어, 사무실이 배경인 오피스물 웹툰을 그리기로 했다고 가정해 보겠습니다. 먼저 회사가 배경인 웹툰들의 시장조사를 진행하면서 유사 배경에서 진행된 웹툰과의 차별점을 어떻게 만들 것인지 고민해야 합니다. 소재가 너무 흔하게 겹치지는 않는지도 크로스 체크합니다. 그런 다음 먼저 큰 배경을 그리면서 리서치로 촘촘하게 채워나갑니다. 회사의 산업 분야도 굉장히 다양하므로 어떤 산업의 회사를 배경으로 삼을 것인지도 고민해야 합니다.

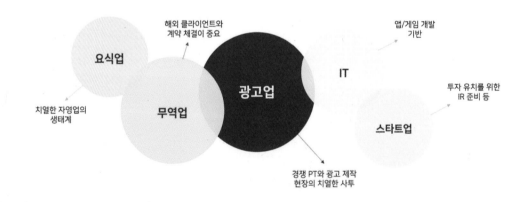

광고업계에서 일어나는 에피소드를 다루면 흥미로울 것 같습니다. 그렇다면 광고업계에 종사하는 사람들은 정확히 어떤 업무를 하는지, 어떤 능력이 요구되는지를 찾아봐야겠죠. 직업에 관련된 자료를 찾는다면 진로 정보망 '커리어넷' 사이트에서 검색해 볼 수 있습니다. '광고기획자'라는 직업을 검색하면 광고기획자라는 직무의 개요와 수행 직무들을 볼 수 있습니다. 광고물의 제작을 기획하고, 광고주와 커뮤니케이션을 하는 직무라고 나와 있으니 웹툰에서 주인공들이 평소에 어떤 업무를 하는지에 대해 세세한 설정을 채워넣을 수 있겠죠.

**커리어넷 _ https://www.career.go.kr/**

더 나아가 광고기획자의 업무를 위해 필요한 업무수행능력과 지식 내용도 파악할 수 있습니다. 듣고 이해하는 능력과 창의력이 매우 중요하며, 예술과 의사소통에도 능해야 한다고 나와 있죠. 이런 정보를 바탕으로 캐릭터가 어떤 능력이 있고, 어떤 취미활동을 하며 시간을 보내는지 설정까지 발전시킬 수 있습니다.

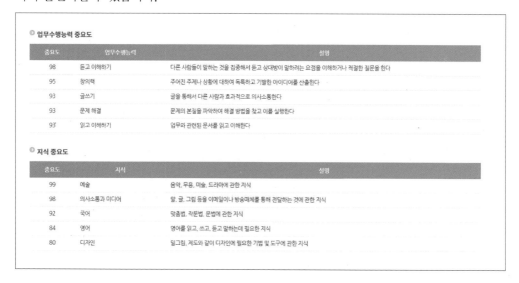

## ② 생생함을 더해줄 배경 이미지 자료 찾기

실제 웹툰 원고 작업을 할 때 작화 참고용 자료조사도 해야 합니다. 특히 배경 같은 경우에는 상상력에 의존해서 그리기에는 디테일한 부분이 많으므로 참고 자료용 이미지들을 리서치하는 것이 중요합니다. 사무실을 배경으로 일어나는 웹툰이므로 사무실 건물, 사무실 내부 및 주변 환경 이미지들을 검색해 볼 수 있겠죠.

이미지는 구글(https://www.google.com/)과 같은 포털 사이트 또는 무료 이미지 전문 사이트인 픽사베이(https://pixabay.com/ko/), 언스플래시(https://unsplash.com/) 등에서 검색합니다. 마음에 드는 이미지들은 따로 PPT 파일이나 폴더에 스크랩합니다.

인터넷에서 검색만으로 내가 원하는 구도와 각도의 이미지를 정확히 찾기가 힘들 때도 있습니다. 이럴 때는 틈틈이 출사를 나가서 필요한 배경들을 촬영하는 것도 좋은 방법입니다. 웹툰에 종종 등장할 길거리를 촬영하기 위해 집 근처 길거리에 나가서 촬영하고, 실내 인테리어를 참고하기 위해 집이나 가게 내부를 촬영할 수 있습니다. 그러면 웹툰 배경을 그릴 때 해당 사진들을 참고해서 작업할 수 있죠. 촬영한 배경을 쉽게 웹툰 배경에 적용하는 법은 추후에 따로 다루겠습니다.

### ③ 캐릭터 패션을 위한 사진 자료 스크랩하기

캐릭터들의 패션 스타일을 참고하기 위해 패션 잡지, 의류 쇼핑몰, SNS 등을 참고하는 것도 좋습니다. 캐릭터의 성격이나 취향을 잘 드러낼 수 있는 패션 스타일을 스크랩해 놓고 스크랩해 놓은 패션을 참고해서 캐릭터에 입힐 옷 디자인을 구상해 놓으면 나중에 웹툰 작업에 들어갈 때 참고하기 쉽습니다. 오피스물 웹툰 캐릭터의 패션을 구상할 때는 '직장인 패션' 등의 키워드로 검색해서 실제 직장인들이 출근할 때 입는 착장들을 살펴볼 수 있겠죠. 더욱 디테일하게 직장에서, 집에서, 외출할 때의 패션 등 TPO(Time, Place, Occasion)에 따른 의상까지 조사하면 좋습니다.

### ④ 캐릭터 콘셉트 구상하기

캐릭터는 웹툰을 이끌어 나가는 주인공들로, 매우 중요한 역할을 합니다. 캐릭터의 성향과 행동에 따라 웹툰 스토리의 진행이 좌우되며, 캐릭터의 성장과 배움이 결국 웹툰의 메시지를 전달해 주는 역할을 합니다. 캐릭터들 간의 조화와 관계가 매력적일수록 독자들의 흥미를 끌 수 있습니다. 캐릭터를 구상할 때 캐릭터 프로필을 기록해 놓는 것이 좋습니다. 캐릭터의 성격, 취향, 목표 등을 상세하게 기록해 두면 스토리 진행 시 캐릭터의 일관성을 유지하게 도와주는 가이드라인이 됩니다.

## ⑤ 세계관에 따라 캐릭터 포지션 잡기

앞서 우리가 정한 웹툰 작품의 소재와 세계관을 바탕으로 필요한 캐릭터들의 아이디어를 낼 수 있습니다. 예를 들어, 서양 판타지 장르를 좋아해서 그리스 · 로마신화 세계관의 웹툰을 구상해 본다고 생각해 볼게요. 자료조사를 통해서 그리스 · 로마신화를 중점적으로 이끄는 올림포스 12 신들과 각 신들의 관계도를 간단하게 정리해 보았습니다.

이 중에서 흥미를 끌었던 것은 바로 죽음의 신 하데스와 대지의 여신 데메테르의 딸인 페르세포네입니다. 하데스가 페르세포네에게 사랑에 빠져서 그녀를 지하세계로 납치한 것은 유명한 일화입니다. 이들의 사랑 이야기를 나만의 방식으로 풀어내면 재미있을 것 같아서 하데스의 캐릭터를 구상해 보기로 했습니다.

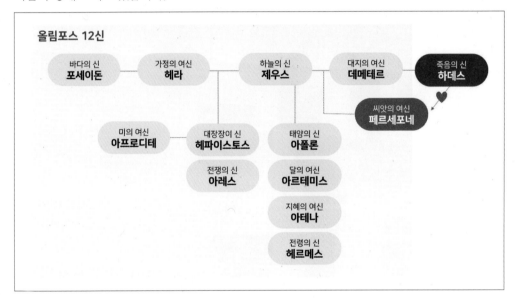

## ⑥ 키워드 확장을 통해 캐릭터 아이데이션하기

하데스에 대해서 떠오르는 키워드들을 마인드맵으로 확장해 보겠습니다. 죽음의 신이라는 포지션 때문인지 두려운 이미지와 압도적 힘이 떠오릅니다. 죽음, 지하라는 키워드에서 떠오르는 색상은 검은색입니다. 냉혹하고 위압적인 캐릭터가 떠오르지만, 반면에 의외의 사랑꾼이라는 반전 매력을 줄 수 있을 것 같네요.

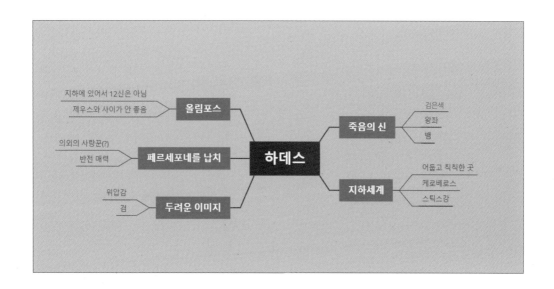

## 7 캐릭터 비주얼 스케치하기

키워드를 바탕으로 캐릭터의 비주얼 스케치를 간단하게 해보겠습니다. 죽음의 신인 만큼 첫인상은 다소 무섭고 날카롭게 표현하고 싶습니다. 그래서 날카로운 동공과 짙은 눈매로 설정해 주었습니다. 권력과 힘을 가진 왕이기 때문에 중후하고 고집스러워 보이는 직각의 턱선도 표현해 주었습니다. 어두운 이미지를 주기 위해서 눈을 덮는 앞머리와 다소 뻗친 머리카락이 목을 덮는 스타일로 설정했습니다.

## 8 캐릭터에게 어울리는 컬러 정하기

웹툰의 꽃은 바로 컬러라고 할 수 있습니다. 캐릭터에게 어떤 컬러를 입혀주느냐에 따라서 캐릭터의 성격이나 성향이 잘 드러날 수 있죠. 우선 지하세계에 살기 때문에 햇빛을 못 본 창백한 피부로 설정해 주었습니다. 그리고 '죽음' 하면 떠오르는 대표적인 색상은 어둠의 검은색과 핏빛의 붉은색이죠. 눈 색상은 붉게 빛나는 홍안으로 설정해 줍니다.

'죽음' 하면 떠오르는 것은 바로 검은색입니다. 머리카락은 짙은 검은색으로 칠했습니다. 붉은 눈과 잘 어울릴 수 있도록 살짝 붉은 기를 띠는 색상으로 정했습니다.

의상 또한 지하세계의 지배자라는 타이틀과 걸맞도록 검은색과 붉은색으로만 입혔습니다. 전반적으로 캐릭터 자체에 생기 있는 컬러는 빼서 캐릭터 성향에 잘 어울리도록 설정한 것이죠.

## ⑨ 프로필을 구체화하고 캐릭터 시트 정리하기

캐릭터의 비주얼이 정해졌다면 캐릭터 프로필을 구체화해 볼 차례입니다. 나이, 키 같은 간단한 캐릭터의 기본 설정부터 성격, 취미, 좋아하는 것 등 디테일한 부분까지 정해보는 것이죠. 캐릭터가 입체적이면 입체적일수록 웹툰 스토리나 관계를 이끌어 나가는 데 수월합니다. 이런 프로필 설정을 정했다면 캐릭터 시트를 만들어 볼 수 있습니다. 캐릭터의 비주얼, 컬러나 성격 설정 등을 한번에 정리하는 것이 캐릭터 시트입니다. 캐릭터 시트를 만들어 놓으면 웹툰을 연재할 때 캐릭터가 일관성 있는 설정을 유지하는 데 참고할 수 있습니다.

죽음의 신 **하데스**

나이 추정 불가/185cm/男

죽은 자들의 신이자 저승의 지배자
제우스, 포세이돈과 형제지간이지만
사이가 좋은 편은 아니다.

가혹하고 냉정한 신이지만
페르세포네와 사랑에 빠지면서
변화를 겪게 된다.

취미: 케로베로스한테 영혼 던져주기
특기: 납치하기, 협박하기, 요리하기(?)
좋아하는 것: 페르세포네
싫어하는 것: 제우스, 올림포스, 꼰대

# 시놉시스 정리하고 기승전결 있는 플롯 만들기

이제 웹툰의 소재도 정했고, 자료조사를 통해 디테일을 살렸으며, 캐릭터까지 구상을 마쳤습니다. 웹툰 작품을 더욱 탄탄하게 준비하기 위한 마지막 준비에 들어갈 차례입니다. 우선 작품의 주제를 개요로 정리한 시놉시스를 작성해서 웹툰의 세계관을 한눈에 정리합니다. 그런 다음 작품의 전개를 파악하기 위해 기승전결 있는 플롯을 구성하고, 그 틀 안에서 굵직한 에피소드 위주의 스토리라인을 정리합니다. 마지막으로 한 화에서 일어날 일들을 글로 풀어내는 글 콘티 작업을 해보겠습니다.

## ❶ 시놉시스로 내 작품의 주제 소개하기

시놉시스는 '이 웹툰은 어떤 내용이야?'라는 질문을 받았을 때 웹툰의 간단한 줄거리 또는 개요를 설명하는 것을 말합니다. 웹툰 작품의 시놉시스를 정해놓는 것은 웹툰의 큰 방향성과 정체성을 정하는 것이나 마찬가지죠. 시놉시스라는 큰 틀 안에서 스토리나 등장 캐릭터들이 방향을 잃지 않고 잘 전개되도록 이야기를 이끌어 나가야 합니다.

시놉시스에 필요한 네 가지 요소는 바로 주제, 기획 의도, 등장인물 그리고 줄거리입니다. 우리가 소재 발전시키기에서 '주인공이 모두 악당이라면?'에서 시작된 아이디어를 시놉시스로 정리해 볼게요. 우선 웹툰 작품의 주제, 즉 소재를 한 줄로 정리합니다. 그런 다음 왜 이런 주제를 정했는지, 이 웹툰이 전달하고자 하는 메시지를 기획 의도로 설명합니다. 등장인물들로 어떤 캐릭터들이 스토리를 이끌어 갈지 소개하고, 기승전결을 담은 줄거리로 마무리할 수 있죠.

| | |
|---|---|
| **주제** | 악당들을 육성하는 특수 고등학교에서 일어나는 10대들의 좌충우돌 에피소드<br>암흑세계에 스카우트되기 위해 훈련받는 학생들이 점점 사건에 연류되는데! |
| **기획 의도** | 주인공이 꼭 정의로워야 할까? 등장인물들이 모두 악당이면 어떨까?에서<br>시작한 아이디어로, 선과 악을 과연 이분법으로 나누는게 맞는지에 대한 화두를 던진다. |
| **등장인물** | 평범하게 살고 싶었던 격투유단자 여주와 그녀의 능력을 눈치채고 악당고에 스카우트<br>하려는 악당고 교장. 악당 엘리트 교육을 받던 남주는 그녀가 마음에 안 든다. |
| **줄거리** | 전직 테러리스트들이 운영하는 악당고를 제일 탐내는 암흑 조직과,<br>이들을 감시하는 정부 기관, 세 단체가 각자의 이익실현을 위해 전쟁을 펼친다. |

## ② 웹툰 세계관을 한눈에 정리하기

웹툰의 시놉시스를 글로 정리했다면 한눈에 웹툰의 내용을 파악할 수 있게 도와주는 것은 세계관입니다. 웹툰이 펼쳐지는 세계관 속에서 어떤 주요 배경/단체들이 있고, 각 조직들과의 관계가 어떻게 되는지를 정리할 수 있죠. 해당 세계관을 바탕으로 스토리 내에서 어떤 갈등이 생기고, 어떤 협업이 생길 수 있을지 떠올릴 수 있습니다.

악당이 주인공들인 웹툰 세계관에서 조직을 크게 셋으로 나누어 보았는데요. 악당을 전문적으로 육성하는 고등학교와 악당고를 감시 및 관리하는 정부 기관, 대기업으로 위장한 암흑 조직이 등장합니다. 각각의 조직들은 서로의 이해관계가 다르고, 해당 이해관계에 따라 속한 캐릭터들의 행동이나 가치관을 정할 수 있겠죠.

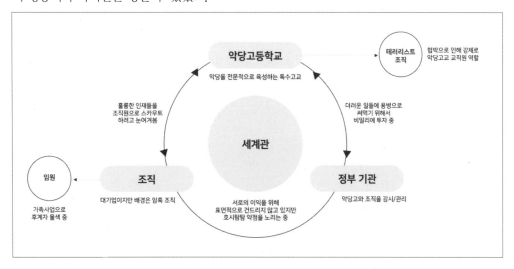

## ③ 5막 구조로 플롯 흐름 잡기

작품의 전개를 파악하기 위해서 5막 구조로 스토리의 큰 흐름을 잡을 수 있습니다. 흔히 기승전결이라고도 부르는 5막 구조는 발단, 전개, 위기, 절정과 결말로 이루어져 있습니다. 수십 화로 이루어진 웹툰은 호흡이 길어 자칫 스토리가 지루하게 전개될 수 있으므로 꼭 5막 구조로 뼈대를 잡아줘야 합니다.

발단 단계에서는 사건의 시작과 동시에 독자들에게 인물과 배경을 소개해야겠죠. 전개 단계에서는 갈등의 시작이나 사건의 전개가 이루어집니다. 캐릭터들 간의 갈등이 심화되고 긴장이 고조되면 위기 단계입니다. 스토리의 클라이맥스이자 긴장감을 극도로 끌어올려야 되는 절정 단계에 공을 많이 들여야겠죠. 마지막은 갈등이 해소되며 사건이 마무리되는 결말 단계입니다.

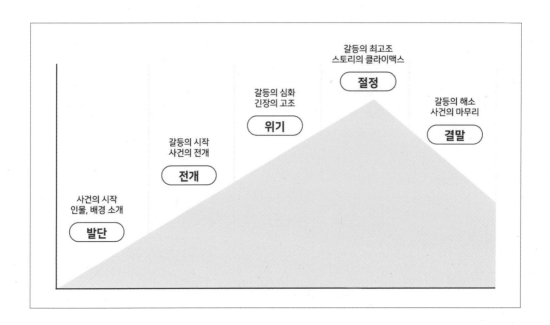

## ④ 에피소드 위주의 스토리라인 만들기

앞에서 5막 구조로 전반적인 플롯을 구성했다면 각각의 기승전결이 어떤 에피소드로 이루어질지 스토리라인을 만들어야 합니다. 발단, 전개, 위기, 절정, 결말의 5막 구조로 스토리라인을 굵직하게 나눈 다음 그 사이를 자연스럽게 일련의 사건들로 채워나가는 것이죠. 처음부터 모든 타임라인을 촘촘하게 짜지 않아도 큰 틀을 만들어 놓으면 원고를 그려나가면서 디테일을 채워나갈 수 있습니다. 가장 중요한 것은 꼭 이렇게 기록을 해놔야 나중에 스토리를 이끌어 나갈 때 초반 설정들을 잊지 않을 수 있습니다.

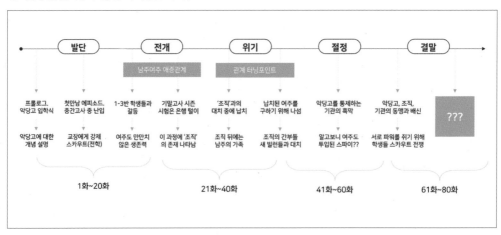

## ⑤ 글 콘티로 대본 작업하기

마지막으로 본격적인 웹툰 원고 작업에 들어가기 전에 한 화의 글 콘티 작업에 들어갑니다. 글 콘티란 각 장면을 생생하고 디테일하게 구현하기 위해 꼭 필요한 대본 작업인데요. 웹툰의 특성 상 비주얼로 각 컷을 구현하기 때문에 각 컷에 어떤 상황이 일어나는지, 캐릭터들의 구도는 어떤지를 상세하게 묘사하는 것이죠. 또한 캐릭터들의 대사나 내레이션 등이 어떤 내용으로 들어 갈지도 기재합니다. 글 콘티 작업을 해야만 한 화의 호흡을 어떻게 끌고 나갈지를 파악할 수 있습니다.

---

#1
길거리에서 교복 입고 걷고 있는 여주
여주 '집 가서 뭐 먹지~?'
[오늘도 평범하게 하교하던 대한민국 고등학생]

#3 ▶ **컷 넘버**
갑자기 거칠게 여주 옷깃을 잡아당기는 누군가 ▶ **상황 묘사**
여주 "에엥?!?!" ▶ **대사**
남주 "실례할게"

#2
반대편에서 뛰어오는 발걸음
경찰 "저 자식 잡아..!!"
[오늘도 그저그런 평범한 날인 줄 알았는데..]

#4
인질로 붙잡고 경찰을 위협하는 남주
남주 "워~워~다가오지 않는 게 좋을걸요"
[갑자기 인질극에 휘말려버렸습니다] ▶ **내레이션**

---

# PART
# 02

# 아이패드로
# 웹툰
# 제작하기

태블릿 PC 덕분에 디지털 드로잉에 대한 진입 장벽이 많이 낮아졌습니다. 특히 아이패드를 자유롭게 휴대하면서 언제 어디서든 웹툰을 그릴 수 있게 되었죠. 웹툰을 그리기 위해서 나에게 맞는 아이패드와 애플펜슬에 대해서 알아볼 거예요. 또한 무료 드로잉 프로그램인 메디방 페인트를 소개하고, 본격적으로 웹툰 러프 스케치부터 선 따기까지 함께해 보겠습니다.

# CHAPTER
# 01

# 메디방 페인트
# 다루기

메디방 페인트에서는 웹툰에서 가장 많이 사용하는 만화 칸 나누기를 쉽게 생성하고
분할할 수 있는 기능뿐 아니라 만화 배경이나 효과 등 다양한 소재들을 다운로드해서
사용할 수 있습니다. 이번 장에서는 웹툰 작업에 필요한 기본적인 메디방 페인트 기능
에 대해 살펴보겠습니다.

# 아이패드로 웹툰 그리기 위한 준비물

## 1 아이패드

아이패드는 애플사의 대표적인 태블릿 PC로, 많은 사람들이 디지털 드로잉에 입문하는 데 큰 도움이 되었습니다. 터치로 작업이 가능하고 애플펜슬이 훌륭한 드로잉 펜 역할을 합니다. 휴대성이 편리하고 성능도 컴퓨터에 견주어 뒤떨어지지 않아 그림 작업이 아니더라도 문서 작업이나 영화 감상을 위해 많은 분들이 소장하고 있죠.

### 아이패드 프로 5세대

애플에서 자체 개발한 Apple M1 칩을 탑재한 초고성능 모델입니다. 11인치와 12.9인치 버전이 있으며, 애플펜슬 2세대나 매직 키보드와 호환이 됩니다. 널찍한 화면과 성능이 매력 포인트이며, 투자를 해서라도 웹툰 작업을 효율적으로 하는 것이 중요한 분들에게 추천합니다.

### 아이패드 에어 4세대

2020년 하반기에 새롭게 공개된 아이패드 에어 4세대는 10.9인치입니다. 가장 다양한 색상을 보유하고 있고, 가격 대비 성능이 뛰어나서 가성비 좋은 제품으로 유명합니다. 애플펜슬 2세대와 호환이 된다는 점도 강점입니다. 간단한 SNS툰이나 일상툰, 또는 일러스트부터 시작해 보고 싶은 분들에게 추천합니다.

### 아이패드 8세대

가격대도 저렴한 편에 속하는 아이패드 8세대는 10.2인치입니다. 애플펜슬 1세대와 호환이 되는데, 애플펜슬 충전 방식이 조금 불편한 편입니다. 부담 없이 취미처럼 시작하고 싶고, 휴대성을 중요시 여기는 분들에게 추천합니다.

# ❷ 애플펜슬

애플펜슬은 아이패드에서 그림을 그리는 데 필요한 액세서리입니다. 스케치북 위에 연필로 그림을 그리듯이, 아이패드 위에 애플펜슬로 웹툰을 그리는 거죠. 애플펜슬 1세대인지 2세대인지에 따라 호환되는 아이패드 모델이 다르므로 유의해서 결정하세요.

## 애플펜슬 2세대

픽셀 단위의 정밀함을 자랑하는 애플펜슬 2세대는 편리한 충전 방식이 가장 매력적입니다. 아이패드의 옆면에 자동으로 부착되어 있어 어디서나 자동으로 페어링(블루투스 기기를 서로 연결하여 동작할 수 있도록 해주는 과정)되고 충전이 됩니다. 특히 카페나 밖에서 작업을 자주 하는 분들이라면 애플펜슬 2세대와 호환되는 아이패드를 추천합니다.

### 호환기기

iPad Air(4세대), 12.9형 iPad Pro(3세대, 4세대), 11형 iPad Pro(1세대, 2세대)

## 애플펜슬 1세대

애플펜슬의 초기 모델로, 가격은 2세대보다 저렴합니다. 다만 2세대와의 가장 큰 차이점은 충전 방식인데, 충전기 선에 전용 팁을 부착한 후 충전하거나 아이패드 아래의 충전 포트에 펜슬을 꽂아서 충전해야 합니다. 2세대에 비해 다소 불편한 충전 방식이기 때문에 아이패드 모델을 고를 때 호환되는 애플펜슬 모델도 잘 고려하길 바랍니다.

### 호환기기

iPad(6세대, 7세대, 8세대), iPad Air(3세대), iPad mini(5세대), 12.9형 iPad Pro(1세대, 2세대), 10.5형 iPad, 9.7형 iPad Pro

> **TIP**
> 2021년 11월 기준으로 출시된 아이패드 모델에 대한 설명입니다. 추후 아이패드 모델이 업데이트되면서 정보가 수정될 수 있습니다.

# ③ 기타 아이패드 액세서리

필수 장비는 아니지만, 가지고 있다면 아이패드로 웹툰 작업하는 데 도움이 되는 장비들입니다.

### 블루투스 키보드

웹툰 작업 시 대사를 입력하는 식자 작업을 할 때 블루투스 키보드를 추천합니다. 아이패드 내에서도 글자를 입력할 수 있지만, 손글씨로 대사를 적는 일상툰이나 SNS툰이 아니라면 많은 식자 작업이 필요한 경우에는 키보드가 편리합니다. 키보드의 경우 아이패드의 거치 각도를 조절할 수 있는 버전도 있으니 참고하기를 바랍니다.

### 액정 보호 필름

아이패드 액정에서 그림을 그리다 보면 미끄럽고 지문도 많이 남는 불편함을 느낄 수 있습니다. 보호 필름을 부착하면 지문도 남지 않고, 애플펜슬의 필기감이 좋아집니다. 그림 그릴 때 사각거리는 느낌을 선호하는 분들은 종이 질감을 많이 사용합니다.

### 드로잉 장갑

아이패드에서 그림을 그리다 보면 손바닥이 화면에 닿아서 인식되는 경우가 있습니다. 또한 마찰로 인한 땀 때문에 원활한 작업이 어려울 수도 있죠. 이때 드로잉 장갑을 착용하면 마찰을 줄이고 애플펜슬만 인식하도록 도와줍니다.

### 아이패드 거치대

오랜 시간 아이패드에서 웹툰 작업을 하다 보면 목이 뻐근한 경우가 많습니다. 책상 위에 반듯이 놓고 작업하면 고개를 많이 숙여야 해서 부담이 되죠. 그럴 때는 아이패드의 각도를 조절할 수 있는 거치대가 도움이 많이 됩니다.

# ④ 메디방 페인트 for iPad 다운받기

무료로 다운받을 수 있는 일러스트·만화 제작 프로그램인 메디방 페인트는 PC버전은 물론, Android, iPhone, iPad에 설치하고 사용할 수 있습니다. 또한 클라우드 기능을 통해 작업물을 다른 단말기에 불러올 수도 있죠. 다양한 폰트, 브러시와 소재까지 다운받아 사용할 수 있는 것이 장점입니다. 만화 컷 제작, 텍스트, 소재 툴 등 만화 제작에 필요한 다양한 기능들을 지원하는 메디방 페인트는 웹툰 제작에 최적화된 프로그램입니다.

아이패드 버전인 '메디방 페인트 for iPad'는 앱스토어에서 검색해 무료로 쉽게 다운로드받을 수 있습니다.

다만 앱을 열고 닫거나 캔버스를 열 때마다 짧은 광고가 뜨는 것을 볼 수 있습니다. 메디방 페인트 크리에이티브 팩(Creative Pack, 9,900원)을 결제하면 광고를 제거할 수 있을 뿐만 아니라 추가 기능까지 즐길 수 있습니다. 대표적으로는 이미지를 불러와서 그림 그릴 때 참고하는 기능, 캔버스를 png, jpeg, psd 등 다양한 형식으로 내보내는 기능, 그리고 작업물을 분류해 정리할 수 있는 폴더 관리 기능이 있습니다. 이 책에서는 메디방 페인트 크리에이티브 팩을 결제한 것으로 안내합니다.

장치의 글꼴을 사용하여 조판 할 수 있습니다.

캔버스를 다양한 형식으로 내보낼 수 있습니다.

작품의 폴더 관리가 가능해졌습니다.

# 웹툰 그릴 때 필요한 도구 살펴보기

## ① 메디방 페인트 미리 살펴보기

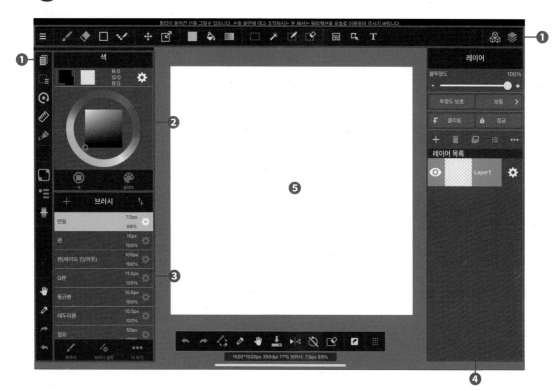

**❶ 툴 바 :** 그림 작업에 필요한 주요 도구들이 있는 곳입니다.

**❷ 컬러 :** 색상을 선택하는 영역입니다.

**❸ 브러시 :** 다양한 브러시를 선택할 수 있으며, 브러시의 사이즈, 불투명도, 최소 폭을 조절할 수 있습니다.

**❹ 레이어 :** 레이어를 관리하는 영역으로, 레이어를 생성 또는 삭제할 수 있으며 불투명도와 모드를 지정할 수 있습니다.

**❺ 캔버스 :** 이미지 작업을 하는 영역입니다.

## ② 캔버스 만들기

웹툰을 그릴 캔버스를 만들기 위해서는 폴더에서 '신규작성'을 클릭한 후 '일러스트'를 선택합니다. 폭과 높이를 원하는 수치로 설정한 후 '완료'를 클릭하면 웹툰을 그릴 캔버스가 생성됩니다.

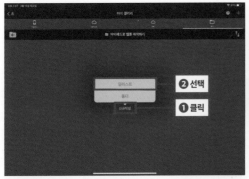

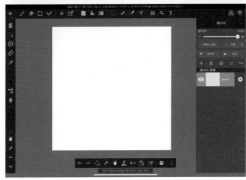

## ③ 그림 그리기 : 브러시 툴

그림을 그릴 때 사용할 브러시를 선택하기 위해 먼저 툴 바에서 컬러 툴과 도구 모음을 클릭합니다. 도구 모음에서는 브러시의 종류, 사이즈, 불투명도, 최소 폭을 설정할 수 있습니다. 뚜렷하고 깔끔한 선을 표현하려면 '펜(페이드 인/아웃)' 브러시를, 부드럽고 따뜻한 느낌의 선을 표현하려면 '연필' 브러시를 선택한 후 불투명도를 원하는 정도로 조절합니다. 자신이 표현하고 싶은 종류와 크기로 브러시를 설정한 후 작업을 시작합니다.

# ④ 화면 확대/축소하기

웹툰 작업 시 세밀하고 꼼꼼하게 그림을 그리기 위해서 화면을 확대하면 편하게 작업할 수 있습니다. 아이패드는 스마트폰과 마찬가지로 손가락 두 개를 사용해서 화면을 누른 뒤 손가락을 벌리거나 모으면 확대/축소할 수 있습니다. 충분히 확대한 후 손가락 하나로 드래그해서 작업하고자 하는 위치로 옮기며 작업할 수 있습니다.

# 웹툰 수정할 때 필요한 도구 살펴보기

## ① 이미지 부분 수정하기 : 선택 펜 툴 🖉  ▶예제파일 : PART 2/메디방실습예제 1.mdp

구글 드라이브에 저장된 파일을 불러오겠습니다. 우선 구글 드라이브에 저장된 '메디방실습예제 1.mdp' 파일을 찾으세요. 파일을 선택한 후 화면 오른쪽 위의 옵션 버튼을 클릭해 '다음 앱으로 열기'를 선택하면 파일을 열 수 있는 앱 목록이 생성됩니다. 목록에서 'MediBang Paint' 앱을 찾아 선택하면 메디방 앱에서 해당 파일이 열립니다.

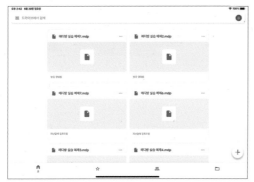
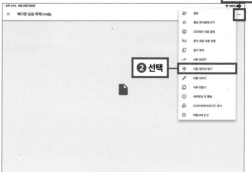

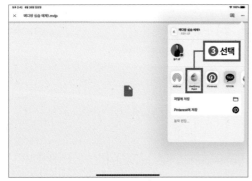

툴 바의 선택 펜 툴 🖉은 브러시 도구를 사용해 원하는 범위를 선택할 수 있는 도구입니다. 우선 '펜(페이드 인/아웃)' 브러시를 이용해 수정이 필요한 범위를 브러시로 채색하듯 채웁니다. 그런 다음 이동 툴 ✛로 선택 펜 툴 🖉로 선택한 영역을 드래그하면 원하는 위치로 이동할 수 있습니다.

〈펜(페이드 인/아웃) 브러시 옵션 값〉 사이즈 : 100

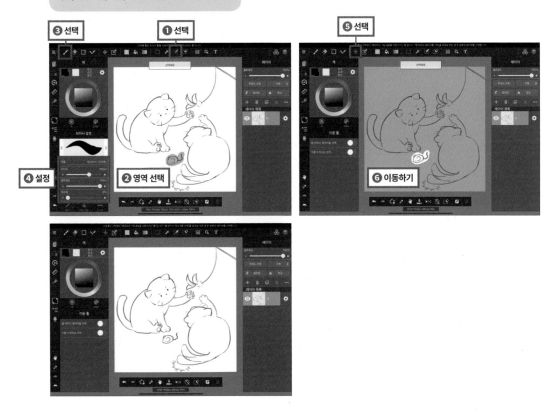

## ❷ 이미지 부분 수정하기 : 선택 툴 ⬚

▶예제파일 : PART 2/메디방실습예제 2.mdp

이번에는 선택 툴 █을 이용해 스케치 일부분을 수정해 보겠습니다. 선택 툴 █은 사각형, 원, 오각형, 올가미 중 원하는 형태를 이용해 이미지를 선택할 수 있습니다. 여기서는 올가미 옵션으로 영역을 선택했습니다. 선택된 영역을 이동 툴 ✛을 이용해 원하는 위치로 이동할 수 있습니다.

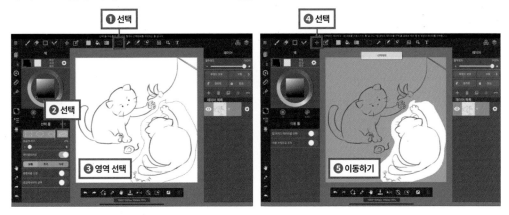

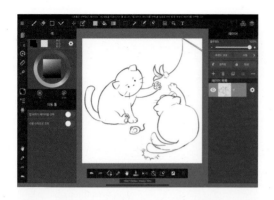

## ③ 이미지 부분 수정하기 : 변형 툴 🔳

▶예제파일 : PART 2/메디방실습예제 3.mdp

툴 바에서 변형 툴 🔳을 클릭하면 변형 기능 창이 나타납니다. 확대/축소 기능에서 모서리를 바깥으로 드래그하면 확대, 안쪽으로 드래그하면 축소됩니다. 완료를 클릭하면 적용됩니다. 그림의 크기를 조절하고 싶을 때 사용하는 기능입니다.

**❶ 선택**

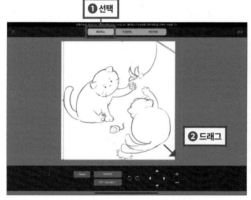

**❷ 드래그**

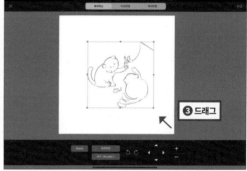

**❸ 드래그**

# SECTION 04 | 웹툰 채색할 때 필요한 도구 살펴보기

## ① 색 선택하기 : 컬러 서클과 팔레트

▶예제파일 : PART 2/메디방실습예제 4.mdp

컬러 툴■은 원하는 색을 선택할 수 있는 도구로, '컬러 서클'과 '팔레트' 두 가지 기능이 있습니다. '컬러 서클'은 무지개색으로 이루어진 바깥 컬러 서클에서 원하는 색상을 직접 선택해 안쪽에서 선택한 색상의 명도를 설정할 수 있는 기능이고, '팔레트'는 선택한 색상을 팔레트에 추가해 사용할 수 있는 기능입니다. 팔레트의 빈칸을 클릭한 후 '색 편집' 창이 나타나면 컬러 서클에서 원하는 색상을 선택한 후 '완료'를 클릭합니다. 선택한 색상이 팔레트에 추가되며, 팔레트에 추가된 색상은 계속 사용할 수 있습니다.

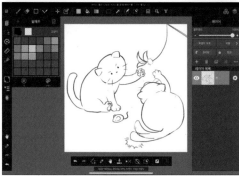

## ② 튀어나온 부분 지우기 : 지우개 툴 ◆  ▶예제파일 : PART 2/메디방실습예제 5.mdp

브러시를 이용해 채색하다 보면 선 밖으로 튀어나올 때가 있는데요. 지우개 툴◆을 이용해 원하는 부분을 자유롭게 지울 수 있습니다. 툴 바의 지우개 툴◆을 선택한 후 원하는 사이즈로 조절해 선을 따라 튀어나온 부분을 깔끔하게 지웁니다.

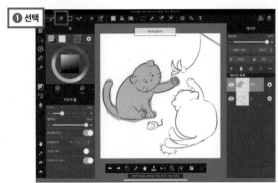

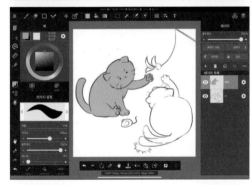

## ③ 한 번에 채색하기 : 페인트 툴 🪣  ▶예제파일 : PART 2/메디방실습예제 6.mdp

툴 바에서 컬러 툴▦을 선택해 원하는 색상을 설정한 후 페인트 툴🪣을 선택합니다. 그런 다음 왼쪽 설정 창에서 '대상'이 '캔버스'로 설정되어 있는지 확인합니다. '캔버스' 옵션은 레이어와 상관없이 그려진 모든 영역에 색상이 적용됩니다. 이제 채색하고 싶은 부분을 클릭해 색을 채웁니다.

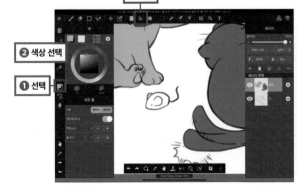

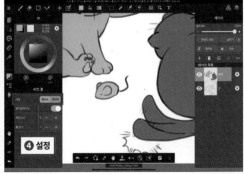

## 4 두 가지 색이 어우러지게 채색하기 : 그레이디언트 툴

▶ 예제파일 : PART 2/메디방실습예제 7.mdp

그레이디언트 툴 은 두 가지 색이 자연스럽게 어우러지거나 한 가지 색이 점차 투명해지는 효 과를 줍니다. 그레이디언트 모양으로는 '선형'과 '원형' 두 종류가 있습니다. '선형'은 드래그하 는 방향으로 색이 변하면서 색이 채워지고, '원형'은 드래그한 시점을 중심으로 원형 모양으로 색이 넓어지면서 그레이디언트가 적용됩니다. 그레이디언트는 전경색에서 배경색으로 그레이 디언트를 채우는 '전경~배경' 방식과 전경색으로 시작해 색상이 점차 투명해지는 '전경' 방식이 있습니다.

고양이 장난감에 달려 있는 깃털에 그레이디언트를 이용해 채색하려면 우선 선택 툴 로 깃털 을 선택한 후 그레이디언트 툴 을 선택하고 깃털 안에서 원하는 방향으로 드래그해 색을 채웁 니다.

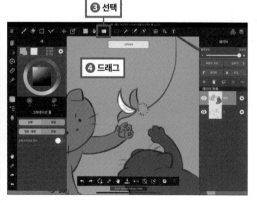

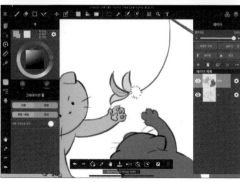

# ⑤ 아래 레이어를 클리핑해 특정 영역만 채색하기

▶예제파일 : PART 2/메디방실습예제 8.mdp

새로운 레이어를 만든 후 레이어를 클리핑하면 클리핑된 레이어에서 칠해진 영역에만 작업을
적용할 수 있습니다. 우선 레이어 패널에서 레이어 추가 ➕를 클릭해 '컬러 레이어'를 추가한 후
'컬러 레이어'를 선택합니다. '클리핑'을 클릭하면 선택된 레이어 바로 아래에 있는 '채색' 레이어
에 클리핑됩니다. '채색' 레이어에서 채색한 부분에만 색이 표시되므로 선 밖으로 선이 삐져나올
걱정 없이 고양이의 그림자를 표현할 수 있습니다.

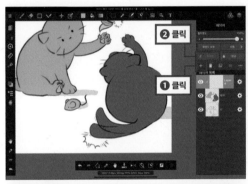

# 텍스트 삽입할 때
# 필요한 도구 살펴보기

## ❶ 말풍선 삽입하기 : 소재 다운로드 🏵

▶예제파일 : PART 2/메디방실습예제 9.mdp

메디방 페인트에서는 말풍선 등의 소재를 다운로드받아서 사용할 수 있습니다. 오른쪽 위에서 소재🏵를 클릭하고, 아래에서 아이템을 선택해 주세요. 소재 왼쪽에 있는 + 표시➕를 클릭한 뒤 '소재 다운로드'를 선택합니다. 소재 다운로드 창이 뜨는데, 각종 말풍선부터 다양한 오브젝트들이 소재로 뜹니다. 마음에 드는 말풍선을 선택한 후 오른쪽 위의 '저장'을 클릭합니다.

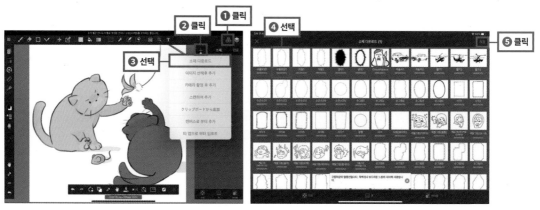

소재 창에서 다운로드된 말풍선을 클릭하면 캔버스에 말풍선이 생깁니다. 모서리를 클릭하고 드래그하면 말풍선의 크기를 바꿀 수 있습니다. 말풍선 밑에 뜨는 옵션 중 회전◎을 클릭하면 말풍선을 회전시킬 수도 있습니다. 말풍선을 원하는 위치에 놓았다면 툴 바에서 아무 툴이나 클릭하면 소재 편집 상태가 완료됩니다.

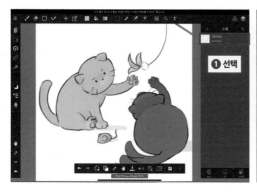
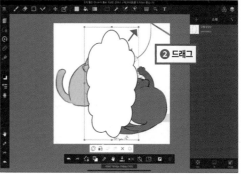

## ② 텍스트 삽입하기 : 텍스트 툴 **T**

▶예제파일 : PART 2/메디방실습예제 10.mdp

대사 또는 효과음을 넣을 때 툴 바의 텍스트 툴 **T**을 이용해 텍스트를 삽입합니다. 텍스트를 입력하고 '완료'를 클릭하면 대사가 삽입됩니다. 텍스트 위에서 설정 창 ⚙을 클릭하면 왼쪽에 텍스트 툴 설정 창이 뜹니다. 여기서 글꼴 종류, 크기, 색상, 줄 간격 등 텍스트를 원하는 모양으로 설정합니다. 툴 바에서 아무 툴이나 클릭하면 텍스트 편집 상태가 완료됩니다.

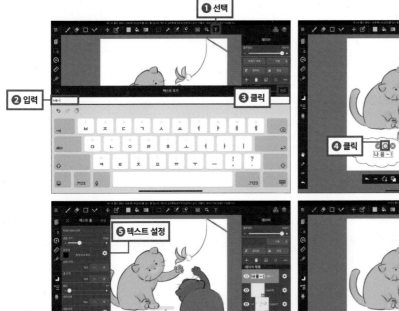
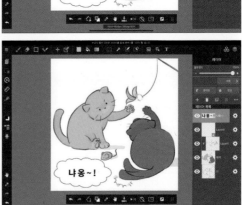

# ❸ 작업 파일 저장하기

▶완성파일 : PART 2/메디방실습완성본.mdp

작업 파일을 원하는 폴더에 저장하려면 왼쪽 위에 위치한 옵션 ☰을 클릭한 후 '새로저장'을 선택합니다. 그런 다음 '폴더에 새로운 저장'을 선택하고, 저장 위치와 파일 이름을 설정한 후 OK를 클릭하면 원하는 폴더에 파일을 저장할 수 있습니다.

# CHAPTER
# 02

# 메디방 페인트로
# 웹툰 스케치하기

이번 장에서는 메디방 페인트로 웹툰 제작 시 가장 기본 단계인 스케치 작업을 해보겠습니다. 스케치는 웹툰의 밑바탕이자 가장 중요하고 많은 시간이 소요되는 과정입니다. 먼저 컷을 구성한 후 캐릭터의 구도와 비율을 잡기 위한 러프 스케치를 그리게 되는데요. 여기서 가독성과 내용의 흐름을 고려하면서 그에 알맞은 모양의 컷으로 나눕니다. 러프 스케치에서는 컷의 구도, 캐릭터의 포즈와 인체 비율을 잡는 것이 중요합니다. 마지막으로 러프 스케치를 기반으로 세세하게 선을 채웁니다.

## SECTION 01 | 원고 만들고 컷 나누기

**01** 아이패드에서 메디방 페인트 어플을 열어 본격적으로 웹툰 스케치를 시작해 봅시다. 왼쪽 '그려보자' 카테고리의 '마이 갤러리'를 선택한 후 '폴더'를 선택합니다. 작업물을 저장할 폴더에서 '신규작성'을 클릭한 후 '일러스트'를 선택합니다. 캔버스 설정 창이 나타나면 화면 아래에서 '만화원고'를 선택한 후 아래의 옵션 값을 입력하고 '완료'를 클릭해 원고 사이즈를 설정합니다.

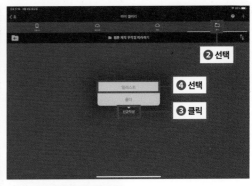

〈용지 사이즈 옵션 값〉
외곽_폭_12cm, 높이_50cm
내곽_폭_10cm, 높이_45cm

**TIP**
크리에이티브 팩에 포함된 '폴더' 기능은 폴더 관리가 가능해 파일들을 분류해서 정리하기 용이합니다.

**02** 만화 원고용 캔버스가 생성되었으면 캔버스 위에 칸을 만들어 봅니다. 툴 바에서 프레임 툴을 선택하면 '신규 칸 소재' 창이 나타납니다. 칸의 자동 분할에서 가로 분할 수를 '4'로 지정하고 '완료'를 클릭하면 캔버스에 일정한 크기와 간격의 칸이 네 개 생깁니다. 레이어 이름을 '칸'으로 입력합니다.

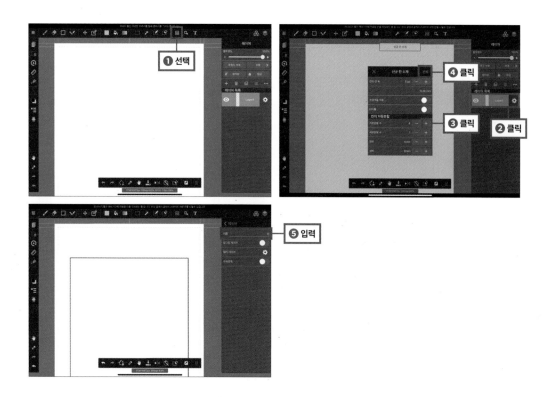

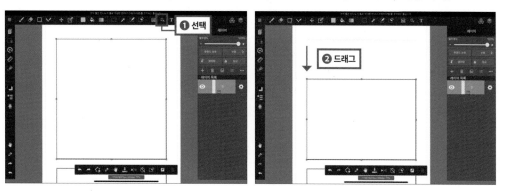

**03** 생성된 칸을 원하는 모양으로 바꿀 차례입니다. 두 손가락을 이용해 화면을 확대해 첫 번째 칸으로 드래그합니다. 툴 바의 작업 툴 █을 선택하면 선 폭을 자유자재로 변경할 수 있습니다. 직사각형 영역의 꼭짓점을 드래그해서 칸의 높이를 원하는 만큼 조절합니다.

**04** 이번에는 이미 생성된 칸을 프레임 툴▦을 이용해 두 개의 칸으로 나누어 보겠습니다. 프레임 툴▦을 선택한 후 칸을 나누고자 하는 방향으로 드래그하면 드래그한 모양대로 칸이 두 개로 나뉩니다. 나누어진 칸의 위치를 작업 툴▦을 이용해 원하는 위치로 옮깁니다.

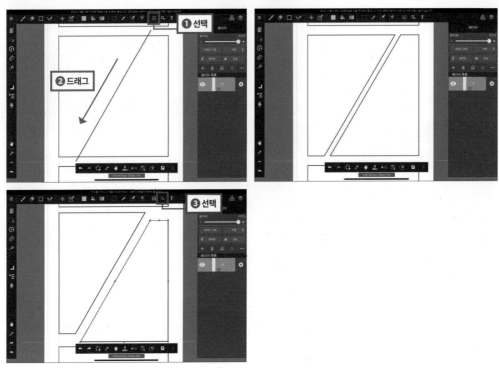

▶예제파일 : PART 2/메디방실습예제 12.mdp

# SECTION 02 | 콘티 기반 러프 스케치 그리기

**01** 캐릭터의 구도와 포즈를 잡기 위한 러프 스케치 작업을 해보겠습니다. 우선 러프 스케치를 그릴 '스케치' 레이어를 추가합니다. 그런 다음 컬러 서클에서 러프 스케치에 사용할 색상을 선택합니다. 브러시 설정에서 부드러운 선을 표현할 수 있는 '펜' 브러시를 선택한 후 아래의 옵션 값을 적용합니다.

**〈러프 스케치 색상 코드〉**
R_91, G_59, B_255

**〈브러시 옵션 값〉**
종류 : 펜
사이즈 : 15px
불투명도 : 50%
최소 폭 : 0%

**02** 툴 바에서 브러시 툴 █을 선택한 후 본격적으로 러프 스케치를 그려보겠습니다. 우선 캐릭터의 포즈와 인체 비율을 잡는 데 집중하며 인물의 형태를 러프하게 그립니다. 그런 다음 눈의 위치, 머리카락 모양, 옷 디자인 등의 디테일을 표현합니다.

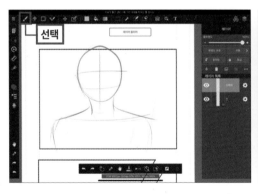

**03** 그리다 보면 수정이 필요한 순간이 있습니다. 여기서는 이미지 크기를 칸에 맞게 줄여보겠습니다. 우선 툴 바에서 선택 툴▣을 선택하고 수정하고 싶은 영역을 드래그합니다. 툴 바에서 변형 툴▣을 선택한 후 각 꼭짓점을 잡고 안쪽으로 드래그해서 크기를 줄입니다. 그런 다음 선택 영역을 잡고 드래그해서 원하는 위치로 옮깁니다.

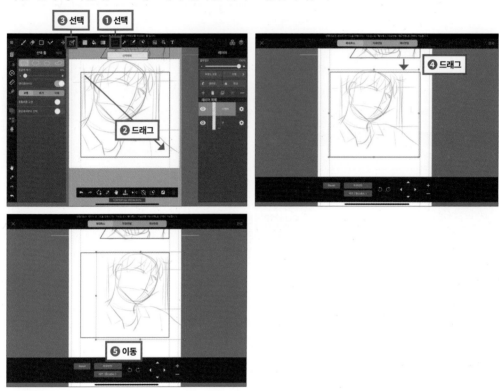

**04** '완료'를 클릭해 캔버스로 돌아온 후 선택 해제를 클릭해 러프 스케치를 마무리합니다.

▶예제파일 : PART 2/메디방실습예제 13.mdp  ▶완성파일 : PART 2/메디방실습예제 14.mdp

# SECTION 03 | 선 따기 작업 후 디테일 더하기

**01** 선 따기 작업에 들어가기 전에 스케치 레이어의 불투명도를 40%로 낮춥니다. 선 따기 레이어를 추가하기 위해 레이어 추가➕를 클릭해 '컬러 레이어'를 추가합니다. 새로 만든 레이어의 오른쪽에서 레이어 설정⚙에 들어가서 레이어 이름을 '선'으로 변경합니다.

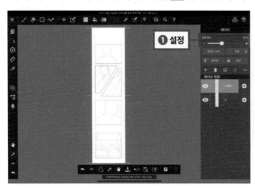 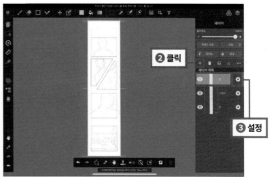

**02** 툴 바에서 브러시 툴✏을 선택한 후 컬러 툴▣과 도구 모음▤을 선택해 창을 엽니다. 컬러 서클에서 브러시 색상을 검은색으로 설정한 후 섬세한 작업을 위해 브러시 사이즈는 러프 스케치에서 사용한 픽셀보다 가는 8px, 불투명도는 100%로 설정합니다.

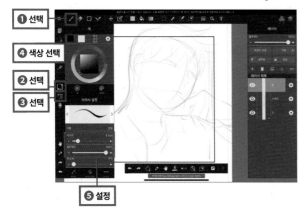

**03** 이제 연하게 보이는 인물의 형태와 구도를 참고하면서 그 위에 본격적으로 스케치를 합니다. 우선 인물의 얼굴 형태를 잡습니다. 그 후 세부적인 디테일을 채웁니다.

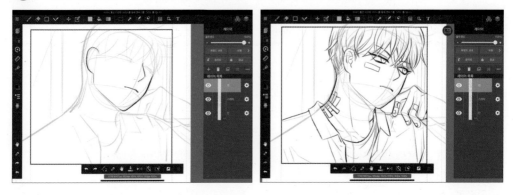

**04** 새로운 컬러 레이어를 추가하고, 레이어 이름을 '배경'으로 변경한 후 창틀을 그립니다. 스케치를 완성하고 나면 레이어 패널에서 러프를 그린 '스케치' 레이어의 눈 모양 을 클릭해서 보이지 않게 숨깁니다.

콘티를 기반으로 깔끔하게 선 따기 작업이 완성되었습니다.

**TIP** 선을 섬세하게 따기 위해서 화면을 크게 확대하고 작업하는 것을 추천합니다. 선 작업이 디테일할수록 원고의 완성도가 더 높아집니다.

# PART
# 03

# 아이패드로
# 웹툰 완성하기

웹툰 스케치 작업을 끝냈다면 3파트에서는 채색과 여러 특수 효과를 적용해서 각 컷에 생명을 불어넣는 작업을 해보겠습니다. 메디방 페인트의 소재 기능을 활용해서 다양한 웹툰 효과를 원고에 적용해 보고, 말풍선을 넣어 웹툰 작업의 마무리 단계까지 배워보 겠습니다.

# 완성도 높은
# 수채화식 채색하기

웹툰은 채색법만으로도 다양한 분위기와 느낌을 연출할 수 있습니다. 특히 수채화식 채색 방법은 부드러우면서 동화처럼 몽글몽글한 분위기를 자아내기도 하죠. 이번 장에서는 메디방 페인트에서 수채화식으로 채색하는 방법을 살펴보겠습니다.

# SECTION 01 | 브러시를 활용해 수채화식 채색 입히기

**01** 메디방을 실행한 후 '마이 갤러리'에서 '채색1.mdp → 메디방실습예제 1.mdp' 예제파일을 불러옵니다.

**02** 머리카락을 채색할 레이어를 추가하기 위해 레이어 패널에서 레이어 추가 ➕를 클릭해 '컬러 레이어'를 추가합니다. 레이어 이름을 '머리카락', 레이어 모드를 '곱하기'로 변경합니다. 툴 바에서 브러시 툴 ✏️을 선택한 후 '수채' 브러시를 선택하고, 브러시 사이즈를 채색하기 편한 정도의 크기로 조절한 다음 밑색을 채워주세요.

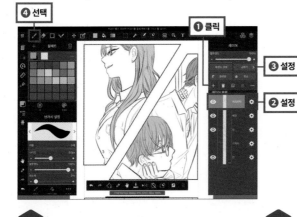

**④ 선택** **① 클릭** **③ 설정** **② 설정**

〈밑색 색상 코드〉
민트색 : R_164, G_240, B_217
회색 : R_179, G_179, B_179
베이지색 : R_216, G_207, B_194

**TIP** 등장인물의 머리카락, 피부, 옷처럼 이후에 꾸준히 사용하게 되는 색상은 매번 찾아서 쓸 필요가 없도록 미리 팔레트에 추가해 둡니다.

**TIP** 컬러 레이어의 모드를 '곱하기'로 설정하면 레이어 목록에서 해당 레이어 아래에 위치한 레이어들에 겹쳐 채색이 됩니다. 즉, 칸과 선을 그대로 유지한 채 밑색을 칠할 수 있습니다.

**03** 피부를 채색할 레이어를 추가하기 위해 레이어 패널에서 레이어 추가 ✚를 클릭해 '컬러 레이어'를 추가합니다. 레이어 이름을 '피부', 레이어 모드를 '곱하기'로 변경합니다. 이번 에는 페인트 툴 🎨을 이용해 채색하겠습니다. 우선 자동선택 툴 🪄을 선택해 채색하고 싶은 부분 을 클릭합니다.

**TIP**
자동선택 툴 🪄로 원하는 부분이 충분히 선택되지 않았다면 설정에서 '추가'를 선택하면 현재 선택된 영역을 그대로 유지한 채 추가로 범위를 선택할 수 있습니다. 이때 화면을 확대해 작업하면 쉽습니다.

**TIP**
만약 원치 않는 영역이 선택되었다면 선택 지우개 툴 🪄을 이용해 해당 범위를 지우개로 지우듯이 칠해주면 선택이 취소됩니다.

**04** 페인트 툴 🎨을 선택하고 피부색을 설정한 후 앞에서 선택한 부분을 클릭하면 선택 영역 만 색이 채워집니다. 같은 방법으로 새로운 레이어를 추가해 등장인물의 옷과 눈동자를 깔끔하게 채웁니다.

〈피부 색상 코드〉
여자 : R_252, G_227, B_203
회색머리 남자 : R_240, G_229, B_218
베이지색머리 남자 : R_255, G_2045, B_236

# SECTION 02 | 빛과 그림자를 극대화한 명암 표현

**01** 이번에는 디테일한 명암을 표현해 보겠습니다. 우선 피부를 채색하기 위해 '피부' 레이어 위에 새로운 레이어를 추가하겠습니다. '피부' 레이어를 선택하고 레이어 추가 ✚를 클릭해 '컬러 레이어'를 추가합니다. '컬러 레이어'를 '피부' 레이어에 클리핑하고, 레이어 모드는 '곱하기', 레이어 이름은 '피부 명암'으로 변경합니다.

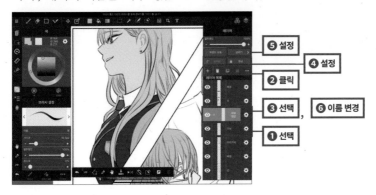

**02** '펜' 브러시를 선택해 사이즈 80px, 불투명도 50%로 설정합니다. 팔레트에서 그림자를 표현할 색상을 선택하고, 브러시로 머리카락 밑 또는 얼굴 윤곽을 따라 지는 그림자의 형태를 표현합니다. 그런 다음 브러시 사이즈를 축소하고 불투명도를 30% 정도로 더 낮추어 그늘지는 부분 위에 여러 번 덧칠해 더욱 입체적으로 표현합니다.

〈그림자 색상 코드〉 R_222, G_213, B_205

**03** 피부에 생기를 불어넣기 위해 팔레트에서 연한 핑크색을 선택하고 콧등부터 볼을 따라 넓고 연하게 칠합니다. 윤곽을 어느 정도 잡아주었으면 눈 밑, 귀 끝, 코 끝과 입술 등 생기를 강조하고 싶은 부분에 덧칠해서 피부 명암을 완성합니다.

〈피부 색상 코드〉 R_255, G_215, B_213

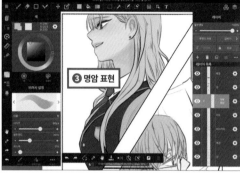

**04** 이제 머리카락에 명암을 넣어 입체감을 표현해 보겠습니다. 우선 '머리카락' 레이어를 선택하고 레이어 추가 ➕를 클릭한 후 '컬러 레이어'를 추가합니다. '컬러 레이어'를 '머리카락' 레이어에 클리핑한 후 레이어 모드는 '곱하기', 레이어 이름은 '머리카락 명암'으로 변경합니다. 팔레트에서 머리카락 밑색보다 어두운 색을 선택하고, 머리카락에 그림자 지는 부분을 결에 따라 채색합니다. 그 위에 더 얇은 브러시로 여러 겹 덧칠해 머리카락을 더 입체적으로 표현해 주세요.

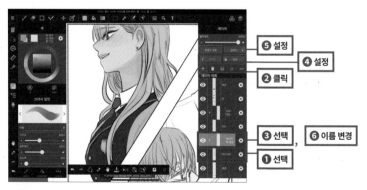

**05** 마지막으로 머리카락에 하이라이트를 주어 빛의 반사를 표현하겠습니다. '머리카락' 레이어를 선택한 상태에서 브러시의 불투명도를 100%로 설정한 후 머리카락에 하얀 빛을 넣어 마무리합니다.

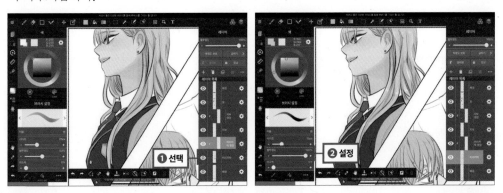

**06** 이번에는 옷에 명암을 표현해 보겠습니다. '옷' 레이어에 클리핑할 '옷 명암' 레이어를 추가한 후 '곱하기' 모드로 설정합니다. 사이즈 60px, 불투명도 50%로 설정한 '펜' 브러시를 이용해 목 아래에 지는 그늘, 옷 주름을 따라 자연스럽게 음영을 칠해주세요.

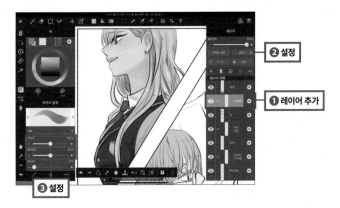

**07** 부드러운 수채화 채색에 비해 검은색으로 딴 선이 딱딱해 보이는데요. 레이어 패널에서 '선' 레이어를 선택한 후 레이어 추가 ➕를 클릭해 '컬러 레이어'를 추가합니다. '컬러 레이어'를 '선' 레이어에 클리핑하고, 레이어 이름을 '선2'로 변경합니다. 원형 그라데이션 툴 ■을 선택해 연한 갈색으로 캐릭터의 얼굴을 드래그하면 선이 한결 부드러워집니다.

⟨선 색상 코드⟩
R_83, G_72, B_65

**08** 창문 사이로 내리쬐는 햇볕으로 강조되는 빛과 그림자를 이용해 그림을 단조롭지 않고 더욱 입체감 있게 표현해 보겠습니다. 레이어 패널에서 레이어 추가 ✚를 클릭해 '컬러 레이어'를 추가한 후 레이어 이름을 '그림자'로 변경합니다. 선택 툴 ▦로 컷 전체를 선택한 후 선택 지우개 툴 ▦로 등장인물을 제외한 배경을 지웁니다. 선택된 범위는 그림과 같이 붉은색으로 채워집니다.

**09** 그라데이션 툴 ▦을 선택한 후 옵션에서 '선형', '전경'으로 설정하고, 팔레트에서 '연한 회색'을 선택합니다. 컷의 오른쪽 위에서 왼쪽 아래로 드래그해 캐릭터 위에 회색 그라데이션을 적용합니다. 반사되는 빛을 표현하기 위해 툴 바에서 브러시 툴 ▨을 선택한 후 '수채' 브러시를 이용해 창문과 가까운 머리카락, 콧등, 얼굴 선과 볼을 흰 브러시로 부드럽게 칠합니다.

〈그림자 색상 코드〉 R_229, G_229, B_229

**TIP** 메디방 페인트의 기본 브러시 중 하나인 '수채' 브러시는 다른 색과 자연스럽게 섞이면서 경계선을 흐릿하게 만들어 줍니다.

**10** 레이어 추가 ✚를 클릭해 내리쬐는 햇볕을 표현할 '빛 효과' 컬러 레이어를 추가합니다. 선택 툴 ▣로 컷 전체를 다시 선택한 후 그라데이션 툴 ▣로 햇빛이 들어오는 방향으로 드래그해 흰색 그라데이션을 적용합니다. 그런 다음 브러시 툴 ✏️의 '수채' 브러시를 사용해서 캐릭터 위로 지나가는 햇빛 두 줄기를 그려 디테일을 더합니다.

**11** 수채화식 채색을 완성했습니다.

**TIP**

수채화식 채색법의 특징은 옅은 색을 여러 겹 쌓아나가는 것입니다. 색상들이 자연스럽게 섞이면서 투명하고 맑은 느낌을 표현하는 채색 기법이죠. 여러 번 브러시 획을 쌓는 연습을 하면서 여러분만의 수채화식 채색법을 찾아보세요.

# CHAPTER
# 02

# 아이패드로
# 웹툰 효과 연출하기

메디방 페인트의 장점은 웹툰 효과를 연출하기 좋은 다양한 이미지, 효과, 브러시들을
다운받을 수 있다는 것입니다. 이번 장에서는 메디방 페인트의 여러 기능들을 활용해
서 집중선, 배경 효과, 말풍선 등의 효과를 원고에 적용해 웹툰을 완성해 보겠습니다.

오늘 전학생이 왔다.

만나서 반가워.

다들 잘 부탁해.

이 시기에 전학생..?

..드디어

찾았다.

# SECTION 01 | 메디방에서 다양한 효과 연출하기

**01** 웹툰에서는 특정 장면을 강조하거나 동적인 장면을 연출하기 위해 집중선을 사용합니다. 우선 실습 예제파일을 불러온 후 레이어 패널에서 레이어 추가 ➕를 클릭해 '집중선' 컬러 레이어를 생성합니다. 선택 툴 ▢로 집중선을 적용할 컷을 선택한 후 오른쪽 패널의 레이어 옵션 ⚫⚫⚫을 클릭해 생성되는 메뉴에서 '필터'를 선택합니다. 레이어 필터 화면 아래 메뉴에서 '집중선'을 선택한 후 강조하려는 인물의 위치, 선 굵기 등을 고려해 옵션 값을 설정하고 '완료'를 클릭합니다.

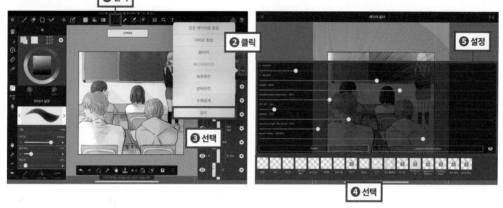

**02** 선택된 영역 안에서 집중선이 적용된 것을 확인할 수 있습니다. 집중선이 자연스럽게 그림에 어우러지도록 레이어 모드를 '곱하기'로 설정합니다.

**03** 이번에는 소재를 다운로드해 웹툰 컷 배경에 적용해 보겠습니다. 우선 레이어 추가 ⊞ 를 클릭해 '소재' 레이어를 생성해 줍니다. 그런 다음 툴 바 오른쪽에 위치한 소재 ⚙ 를 클릭해 소재 패널을 엽니다. 소재 추가 ⊞ 를 클릭한 후 '소재 다운로드'를 선택합니다. 아래 메뉴에서 '톤'을 클릭해 웹툰 컷에 삽입하기 적절한 소재를 찾아 저장합니다.

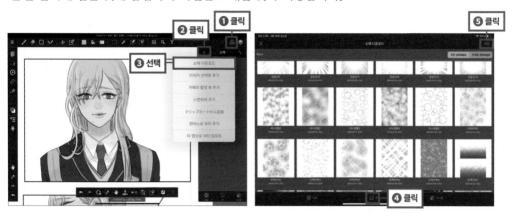

**04** 자동선택 툴 ✦ 로 소재를 적용할 범위를 선택합니다. 소재 패널에서 컷에 적용할 소재를 찾아 선택하면 미리보기 창이 나타나는데요. 여기서 각도와 크기를 원하는 형태로 조절한 후 '완료'를 클릭합니다.

**TIP** 선택해야 할 범위가 여러 영역으로 나뉘어 있다면 패널 메뉴에서 '추가'를 선택해 모두 선택합니다.

**05** 적용한 소재에 색을 입혀보겠습니다. 우선 '소재' 레이어를 선택하고 레이어 추가 ✚를 클릭해 '소재 클리핑' 컬러 레이어를 추가합니다. 그라데이션 툴 ▣의 옵션을 '선형', '전경~배경'으로 설정한 후 전경색을 진한 핑크색, 배경색을 연한 핑크색으로 설정합니다. 화면을 드래그해 소재 색을 바꿉니다.

〈배경 색상 코드〉
전경색 : R_255, G_153, B_153
배경색 : R_255, G_204, B_201

**06** 이번에는 새로운 브러시를 다운로드해 특수 효과를 적용해 보겠습니다. 브러시 패널에서 브러시 추가 ✚를 클릭한 후 '브러시 추가'를 선택합니다. 빛 모양의 브러시를 다운로드한 후 캐릭터 주변을 새로 다운로드한 브러시로 칠해서 반짝거리는 효과를 더해주세요.

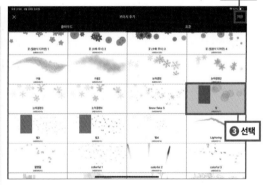

▶예제파일 : PART 3/메디방실습예제 4.mdp

# SECTION 02 | 말풍선 및 식자 작업하기

**01** 레이어 패널에서 레이어 추가 ➕를 클릭해 '말풍선' 컬러 레이어를 추가합니다. 선택 툴 ▨ 을 선택한 후 원형 모양의 선택 툴 ⬭로 말풍선 모양을 그립니다.

**02** 왼쪽의 선택 메뉴 ▤를 클릭한 후 '선택 경계 그리기'를 선택하면 선택 경계 그리기 창이 나타납니다. '선의 굵기'를 5px로 설정한 후 '완료'를 클릭하면 선택된 모양 테두리를 따라 선이 생깁니다. 텍스트 툴 ▤을 이용해 대사를 입력합니다.

**03** 이번에는 생각하는 말풍선을 만들어 보겠습니다. '말풍선' 레이어를 선택한 상태에서 화면 오른쪽에서 소재 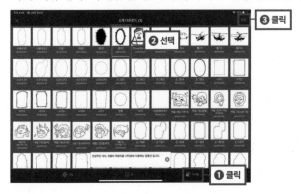를 선택하고 소재 추가 ✛를 클릭한 후 '소재 다운로드'를 선택합니다. 아래 메뉴에서 '아이템'을 클릭해 생각하는 말풍선을 선택하고 '저장'을 클릭합니다.

**04** 생각하는 말풍선을 화면에 불러옵니다. 세로로 긴 형태의 말풍선을 회전시켜 원하는 방향으로 돌리겠습니다. 말풍선을 선택하면 하단에 메뉴 바가 생깁니다. 회전 🚫 아이콘을 클릭한 상태에서 그대로 드래그해 옆으로 돌립니다. 텍스트 툴 **T**을 이용해 대사를 입력합니다.

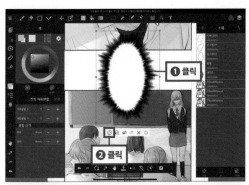

▶예제파일 : PART 3/메디방실습예제 5.mdp

# SECTION 03 | 메디방에서 원고 저장하기

**01** 완성한 작업 파일을 JPG 형식으로 저장해 보겠습니다. 화면 왼쪽 위에서 옵션 ▤을 클릭한 후 'png/jpg형식으로 엑스포트'를 선택합니다. 파일 형식 선택 및 공유 창에서 'JPEG'를 클릭하면 export 창이 나타납니다.

**02** MediBang Paint 앱을 클릭하면 작업 파일이 성공적으로 JPG 파일로 메디방 앱에 저장됩니다.

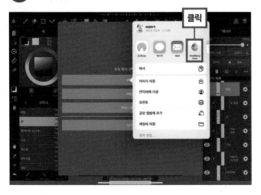

# PART
# 04

# 포토샵으로
# 웹툰 제작하기

앞에서 아이패드의 메디방 프로그램을 활용해서 웹툰을 그려보았습니다. 이번에는 PC/
노트북과 태블릿을 활용해 웹툰을 그려보겠습니다. 프로그램은 포토샵을 활용할 예정인
데, 포토샵은 그래픽 디자인에 있어 대표 프로그램인 만큼 어떤 프로그램보다 웹툰 작업
을 세세하게 할 수 있습니다. 4파트에서는 포토샵으로 웹툰 작업 시 필요한 준비물들을
살펴보고, 웹툰 콘티 작업부터 스케치까지 차근차근 작업해 보겠습니다.

# CHAPTER
# 01

---

# 어도비 포토샵 다루기

어도비 포토샵의 가장 큰 장점은 수천 개의 브러시와 다양한 필터와 효과를 적용할 수 있다는 것입니다. 웹툰에서 필요한 다양한 특수 효과를 연출할 수 있죠. 이번 장에서는 어도비 포토샵으로 웹툰 작업을 하기 위해 필요한 준비물들을 알아보겠습니다.

## ① 어도비 포토샵(Adobe Photoshop)

어도비사에서 개발한 포토샵은 데스크톱 및 아이패드에서 활용할 수 있는 그래픽 디자인 툴입니다. 웹툰 제작은 물론, 사진 편집, 합성, 디지털 페인팅 등 다양한 목적으로 활용할 수 있는 유용한 프로그램입니다.

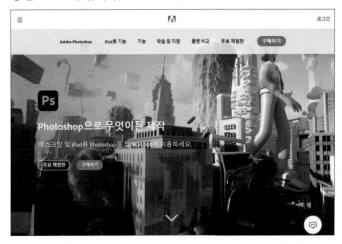

어도비 공식 사이트에서 포토샵 정기 구독을 신청할 수 있습니다. 7일간 무료로 체험해 볼 수도 있으며, 다양한 플랜 중 원하는 플랜을 선택할 수 있습니다. 포토샵만 단독으로 구독하는 것은 월 24,000원이며, 어도비사의 다양한 프로그램(일러스트레이터, 프리미어 프로 등)과 함께 구독할 수도 있습니다. 학생 또는 교사의 경우에는 어도비사의 모든 프로그램 구독을 60% 이상 할인받아서 구독할 수 있으니 참고하세요.

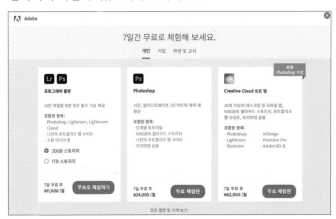

정기 구독을 완료했다면 포토샵 프로그램을 설치합니다. 언어는 한국어로 설정하고 다운로드합니다. 가장 최신 버전인 포토샵 2021버전으로 설치한 후 실행하면 아래와 같은 화면이 나타납니다.

## ② 태블릿

태블릿은 PC/노트북에 연결해서 스타일러스 펜으로 필압까지 세세하게 표현해서 그림을 그릴 수 있는 도구입니다. 웹툰을 그리는 데 필수적인 보조 툴이라고 볼 수 있죠. 태블릿에는 액정 태블릿, 펜 태블릿 등 다양한 종류가 있으므로 자신에게 맞는 도구를 선택해야 합니다.

### 액정 태블릿-와콤 신티크/신티크 프로

액정 태블릿은 PC/노트북의 화면과 연동한 후 화면 위에서 바로 펜을 활용해서 그림을 그릴 수 있습니다. 큰 화면에서 액정에 대고 작업할 수 있기 때문에 정밀한 작업이 가능해 전문가들이 선호합니다. 대신 화면이 큰 만큼 자리를 많이 차지하고, 무겁고, 연결해야 하는 코드가 많기 때문에 작업실이나 집에서 작업하는 분들에게 추천합니다.

와콤 신티크의 경우는 16인치와 22인치가 있고, 가격은 70~130만 원대까지 있습니다. 신티크 프로는 와콤 신티크의 최고급 크리에이티브 펜 디스플레이를 자랑하며 높은 가격대입니다. 16인치부터 24인치, 32인치까지 거대한 디스플레이를 뽐냅니다.

### 펜 태블릿-와콤 인튜어스/인튜어스 프로

펜 태블릿은 PC/노트북 화면을 보면서 펜 태블릿으로 작업을 해야 하기 때문에 액정 태블릿에 비해 정교한 작업은 어렵습니다. 하지만 액정 태블릿에 비해 얇고 가벼워 휴대하기 편하며, 가격도 합리적이라 웹툰을 처음 시작하는 초심자들에게 추천합니다.

와콤 인튜어스에는 소형부터 중형 사이즈까지 있는데, 가격은 10~20만 원대로 형성되어 있습니다. 인튜어스 프로는 좀 더 정밀한 작업 제어가 가능하며, 소형부터 대형 사이즈가 있습니다. 가격은 30~40만 원대입니다.

### 올인원 태블릿-와콤 모바일 스튜디오 프로

올인원 태블릿은 데스크톱의 기능까지 태블릿에 담아놓았습니다. 액정 태블릿과 펜 태블릿은 연결할 PC/노트북이 필요하지만, 올인원 태블릿은 데스크톱과 대체 가능합니다. 즉, 액정 태블릿의 정밀한 작업은 물론, 펜 태블릿의 휴대하기 편리하다는 장점을 합쳐 놓은 태블릿입니다. 다만 그만큼 가격대가 높아 구매 장벽이 높은 편입니다. 와콤 모바일 스튜디오 프로는 13인치와 16인치가 있으며, 가격은 200~400만 원대로 형성되어 있습니다.

# 포토샵의 기본 툴 다루기

본격적으로 웹툰 제작에 들어가기 전에 포토샵의 기본적인 툴에 대해 알아보겠습니다. 포토샵에는 정말 다양한 툴과 효과들이 있지만, 웹툰에 필요한 필수 기능들만 소개하겠습니다.

## ① 포토샵 인터페이스 살펴보기

포토샵을 켜면 나오는 기본 인터페이스입니다. 기본 포토샵 화면 구조를 이해하면 작업하기가 편리합니다. 어떤 영역이 있는지, 해당 영역에는 어떤 기능들이 있는지 간단히 살펴보겠습니다.

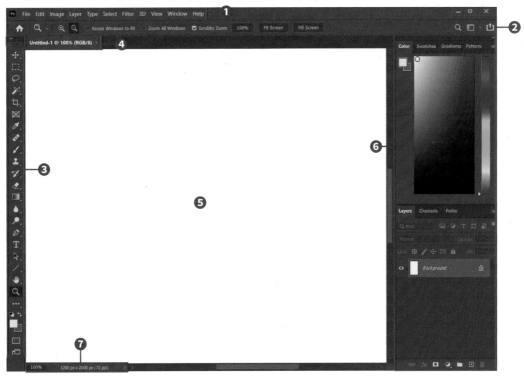

❶ **메뉴 바** : 포토샵의 전체적인 기능들의 메뉴와 하위 메뉴들로 구성되어 있습니다.

❷ **옵션 바** : 선택한 도구의 세밀한 옵션 설정을 할 수 있습니다.

❸ **툴 바** : 주요 기능들을 쉽게 사용할 수 있도록 도구를 모아놓은 곳입니다.

❹ **파일 탭** : 캔버스의 이름과 비율, 컬러 모드가 표시되는 탭 형태입니다.

❺ **캔버스** : 이미지 작업을 하는 영역으로, Ctrl + N 을 눌러 새 캔버스를 만들 수 있습니다.

❻ **패널 바** : 기본 패널(컬러, 레이어 등) 또는 직접 설정한 패널들을 추가해서 사용할 수 있습니다. 메뉴 바의 [창] 메뉴에서 화면에 띄울 패널을 직접 선택할 수 있습니다.

❼ **상태 표시줄** : 화면 확대 비율을 설정할 수 있고, 이미지 정보를 확인할 수 있습니다.

## ② 포토샵 레이어 개념 이해하기

레이어는 투명 필름 같은 형태로, 겹겹이 쌓아서 하나의 이미지를 보여줍니다. 각각의 레이어에 스케치, 채색, 특수 효과 등을 나눠서 작업하면 나중에 쉽게 수정할 수 있는 것은 물론, 레이어의 모드를 설정해서 다양한 효과를 줄 수도 있습니다. 이런 것들은 포토샵의 [Layers] 패널에서 작업할 수 있습니다.

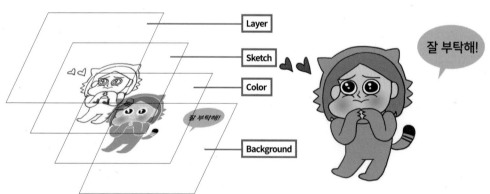

처음 캔버스를 설정하면 레이어 패널에는 잠금 표시가 되어 있는 '배경' 레이어만 존재합니다. 배경 레이어는 흰색으로 설정되어 있고, 잠금되어 있는 기본 레이어이기 때문에 새 레이어를 하나 추가해서 작업하는 것이 좋습니다. 새 레이어를 추가하기 위해서는 패널 아래에 '새 레이어 추가⊞' 버튼을 클릭하면 됩니다. 새로운 작업을 할 때마다 새 레이어를 추가해 하나하나 작업하면 됩니다.

❷ 새 레이어가 추가됩니다.

❶ 클릭

**TIP**

### 레이어 패널에서 유용한 단축키

❶ 레이어 이름 더블클릭

레이어 이름을 더블클릭하면 레이어 이름을 수정할 수 있습니다. 레이어가 많아질수록 헷갈리기 때문에 각 레이어의 이름을 지정해 주는 것이 좋습니다.

❷ 새 레이어 추가 : `Ctrl` + `Shift` + `N`

새 레이어를 추가합니다. 스케치, 채색, 그레이디언트, 배경, 대사 등 각각의 작업을 할 때마다 새로운 레이어를 추가해서 작업합니다.

❸ 레이어 그룹 : `Ctrl` + `G`

여러 레이어를 하나의 그룹 아래 속하게 합니다. 웹툰 작업 시 텍스트 레이어가 많아질 경우 한 그룹에 넣어 작업하면 한번에 적용되어서 작업하기 편합니다.

❹ 아래 레이어와 합치기 : `Ctrl` + `E`

선택된 레이어와 아래 레이어가 하나의 레이어로 합쳐집니다.

# SECTION 03 | 웹툰 그릴 때 필요한 기능들 살펴보기

포토샵으로 본격적인 웹툰 작업을 시작하기 전에 웹툰 작업에 필요한 툴에 대해 살펴보겠습니다.

## ❶ 새 캔버스 만들기

포토샵 첫 화면 왼쪽의 'Create New'를 클릭하거나 메뉴 바에서 [File]–[New]([Ctrl]+[N])를 선택해 새 캔버스를 만들 수 있습니다. 'New Document' 창이 나타나면 폭과 넓이, 색상 모드 등을 설정한 후 'Create'를 클릭하면 새로운 캔버스가 생성됩니다.

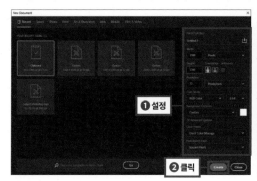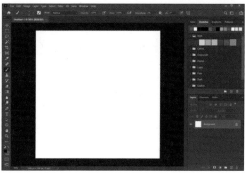

> **TIP**
>
> 웹 업로드용 해상도(Resolution)는 기본 72DPI로 작업하지만, 출력해야 할 경우에는 고해상도인 300DPI로 작업해야 하기 때문에 작업한 후에 웹 업로드용으로 용량을 줄이는 방법도 있습니다. 보통 웹용은 RGB 색상으로, 인쇄용은 CMYK 색상으로 작업합니다.

## ❷ 그림 그리기 : 브러시 툴 ✎ (B)          ▶ 예제파일 : PART 4/포토샵 배우기 01.psd

그림을 그리기 위해서 툴 바에서 브러시 툴 ✎ (B)을 선택합니다. 브러시 툴을 선택하면 옵션 바에서 브러시 옵션을 설정할 수 있습니다. 여기서 내가 원하는 대로 브러시 옵션을 설정합니다. 브러시 크기와 종류를 바꾸려면 옵션 바에서 브러시 옆 드롭 단추를 클릭한 후 나타나는 옵션바에서 설정하면 됩니다. 원하는 브러시 종류와 크기로 설정한 후 그림을 그려주세요.

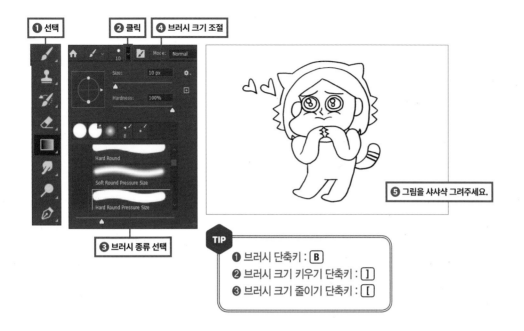

① 선택
② 클릭
④ 브러시 크기 조절
⑤ 그림을 샤샤삭 그려주세요.
③ 브러시 종류 선택

**TIP**
① 브러시 단축키 : B
② 브러시 크기 키우기 단축키 : ]
③ 브러시 크기 줄이기 단축키 : [

## ③ 확대/축소하기 : 돋보기 툴 🔍

▶ 예제파일 : PART 4/포토샵 배우기 01.psd

웹툰 작업 시 캔버스 크기를 확대한 후 작업하면 좀 더 세밀하고 편하게 작업할 수 있습니다. 캔버스 크기를 확대하기 위해서는 툴 바의 돋보기 툴🔍을 선택한 후 캔버스를 클릭하면 됩니다. 반대로 화면을 축소하려면 Alt 를 누른 상태에서 돋보기 툴로 캔버스를 클릭하면 됩니다. 보통 선을 따는 등 정밀한 터치가 필요할 때 200~300% 확대해서 작업합니다.

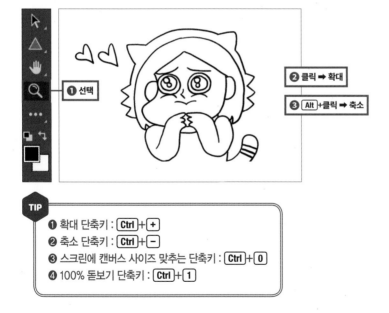

① 선택
② 클릭 ➡ 확대
③ Alt +클릭 ➡ 축소

**TIP**
① 확대 단축키 : Ctrl + +
② 축소 단축키 : Ctrl + −
③ 스크린에 캔버스 사이즈 맞추는 단축키 : Ctrl + 0
④ 100% 돋보기 단축키 : Ctrl + 1

## ④ 이미지 지우기 : 지우개 툴 (E)

▶예제파일 : PART 4/포토샵 배우기 01.psd

내가 그린 그림을 지우고 싶다면 툴 바의 지우개 툴 (E)을 클릭한 다음 원하는 부분을 문질러 주세요. 지우개의 스타일이나 크기도 옵션 바에서 자유롭게 설정할 수 있습니다.

**❶ 선택**

**❷ 문질러 주세요.**

**TIP**

❶ 지우개 크기 키우기 단축키 : []
❷ 지우개 크기 줄이기 단축키 : [[
❸ 방금 작업한 것 실행 취소 : Ctrl + Z

## SECTION 04 | 웹툰 수정할 때 필요한 기능들 살펴보기

모든 작업이 한번에 완성되면 좋겠지만, 그러긴 어렵습니다. 많은 수정 과정을 거쳐야 비로소 마음에 드는 작업물을 만나볼 수 있는데요. 여기서는 작업물을 수정할 때 필요한 포토샵 툴들을 알아보겠습니다.

### 1  이미지 부분 선택하기 : 올가미 툴 ○(L)

▶예제파일 : PART 4/포토샵 배우기 01.psd

툴 바의 올가미 툴 ○(L)로 원하는 부분을 드래그해 영역 선택을 할 수 있습니다. 일부분만 수정사항을 반영하고 싶을 때 올가미 툴로 그려서 지정합니다.

TIP
❶ 영역 선택 더하기 단축키 :
　[Shift]+올가미 툴 ○로 그리기
❷ 영역 선택 빼기 단축키 :
　[Alt]+올가미 툴 ○로 그리기
❸ 선택 해제 단축키 : [Ctrl]+[D]

### 2  이미지 이동하기 : 이동 툴 ✛(V)

▶예제파일 : PART 4/포토샵 배우기 01.psd

이동 툴 ✛(V)로 선택된 이미지를 원하는 곳으로 옮길 수 있습니다. 올가미 툴 ○로 선택한 영역을 이동 툴로 드래그해 이동할 수 있으며, 웹툰 스케치 작업 중에 위치를 수정하고 싶을 때 사용합니다.

TIP
올가미 툴로 작업 중에 [Ctrl]을 꾹 누르면 커서가 자동으로 이동 툴로 바뀝니다.

## ③ 이미지 사각형 선택하기 : 사각형 선택 윤곽 툴 ▣(M)

▶예제파일 : PART 4/포토샵 배우기 01.psd

사각형 선택 윤곽 툴▣(M)로 드래그하면 사각형 모양으로 선택할 수 있습니다. 웹툰 원고에 사각형 칸을 그릴 때나 사각형 모양으로 이미지를 선택해 수정할 때 사용됩니다.

**TIP**

❶ 사각형 선택 윤곽 더하기 단축키 : Shift +드래그
❷ 사각형 선택 윤곽 빼기 단축키 : Alt +드래그
❸ 선택 해제 단축키 : Ctrl + D

## ④ 크기 조절, 회전 기능 : Ctrl + T

▶예제파일 : PART 4/포토샵 배우기 01.psd

올가미 툴이나 사각형 선택 윤곽 툴로 크기를 조절하고 싶은 영역을 선택한 후 Ctrl + T 를 누르면 크기를 조절할 수 있는 조절점이 나타납니다. 조절점을 안쪽으로 드래그하면 크기가 작아지고, 바깥쪽으로 드래그하면 크기가 커집니다. 또한 모서리로 마우스 커서를 가져갔을 때 회전 모양의 커서가 나타나는데, 이때 클릭한 후 드래그하면 회전할 수 있습니다

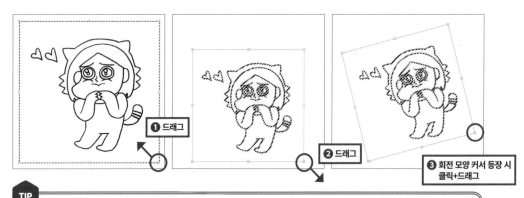

**TIP**

Shift 를 누른 상태로 크기를 조절하면 정비율로 크기를 조절할 수 있습니다. 크기 조절을 완료한 후 Enter 를 누르면 적용이 되고, Ctrl + D 를 누르면 선택이 해제됩니다.

# SECTION 05 | 웹툰 채색할 때 필요한 기능들 살펴보기

캐릭터에 생동감을 불어넣기 위해서는 무엇보다 채색이 중요하겠죠. 이번에는 채색할 때 필요한 포토샵 툴들을 살펴보겠습니다.

## ❶ 색 선택하기 : 컬러 피커

▶예제파일 : PART 4/포토샵 배우기 02.psd

컬러 피커는 원하는 색을 선택할 수 있는 곳입니다. 툴 바의 컬러 피커에는 두 개의 네모가 존재합니다. 위의 네모는 전경색, 아래의 네모는 배경색을 의미합니다. 전경색은 Alt + Delete 로 선택 영역의 색상을 채울 수 있고, 배경색은 Ctrl + Delete 로 채울 수 있습니다.

▲ Alt + Delete 로 전경색 채움　　▲ Ctrl + Delete 로 배경색 채움

색상을 설정하려면 툴 바에서 컬러 피커 를 클릭합니다. 컬러 피커의 대화상자가 나타나면 원하는 색을 직접 선택하거나 색상 값을 입력해 색을 설정할 수 있습니다.

**129**

자주 사용하는 색은 팔레트와 같은 역할을 하는 [Swatches] 패널에 등록해 사용할 수 있습니다. [Swatches] 패널 하단의 + 모양🔳을 클릭한 후 이름을 입력하고 OK를 클릭하면 컬러 피커에서 선택한 색을 [Swatches] 패널에 추가할 수 있습니다.

## ② 넓은 면적을 한번에 채색하기 : 페인트통 툴 🪣 (G)

▶예제파일 : PART 4/포토샵 배우기 03.psd

페인트통 툴 🪣(G)은 원하는 영역에 색을 채울 수 있는 툴로, 웹툰 작업 시 한 가지 색상으로 넓은 면적을 채색할 때 사용하면 편리합니다. 툴 바에서 페인트통 툴을 선택한 후 옵션 바에서 'All Layers' 항목에 체크하면 레이어와 상관없이 그려진 영역에 색상이 적용됩니다. 'Tolerance' 숫자가 높을수록 색이 꼼꼼하게 채워집니다.

▲ Tolerance 0          ▲ Tolerance 60

**3** **원하는 색 뽑기 : 스포이드 툴 📷 (I)**　　▶예제파일 : PART 4/포토샵 배우기 04.psd

스포이드 툴 📷 (I)을 활용해 원하는 색상을 클릭하면 해당 색상을 가져올 수 있습니다. 캐릭터의 색상을 동일하게 유지하기 위해 기존에 채색했던 부분을 스포이드로 클릭하면 됩니다.

❷ 원하는 색상 클릭

❶ 선택

**TIP**
브러시 툴이나 페인트통 툴을 선택한 상태에서 Alt 를 누르는 동안 스포이드 툴로 변환됩니다.

**4** **선택한 세부 영역에서 작업하기 : 자동선택 툴 📷 (W)**

▶예제파일 : PART 4/포토샵 배우기 04.psd

툴 바의 자동선택 툴, 일명 마술봉 툴 📷 (W)은 이미지의 윤곽선을 기준으로 자동으로 영역이 선택됩니다. 올가미 툴 ⭕ 보다는 덜 섬세하게 선택되지만, 클릭 한 번으로 원하는 영역을 쉽고 빠르게 선택할 수 있습니다. 선택된 영역 안에서만 작업이 적용되기 때문에 채색이나 명암 작업 시 해당 영역을 벗어나가지 않게 작업할 때 사용됩니다.

❶ 선택

❷ 원하는 영역 클릭

❸ 영역 선택

**TIP**
선택 해제 단축키 : Ctrl + D

**131**

# ⑤ 혼합되는 색상 표현하기 : 그레이디언트 툴

▶예제파일 : PART 4/포토샵 배우기 04.psd

그레이디언트 툴은 여러 가지 색이 자연스럽게 어우러지거나 한 색상이 진한 색에서 옅은 색으로 점차 옮겨지는 효과를 줍니다. 웹툰에서는 배경이나 하늘의 자연스러운 색 표현을 위해 사용합니다. 또한 캐릭터의 홍조를 표현할 때도 그레이디언트 툴을 사용하죠.

그레이디언트 툴 사용 방법은 툴 바에서 페인트통 툴을 마우스 오른쪽 버튼을 클릭하면 서브 메뉴가 나타나는데, 여기서 그레이디언트 툴을 선택합니다. 그리고 옵션 바에서 색상 부분을 클릭하면 그레이디언트 편집기 창이 나타납니다. 'Basics'에서 두 번째에 있는 'Foreground to Transparent'를 클릭하면 선택한 색상에서 투명색으로 점점 흐려지는 효과를 줄 수 있습니다.

옵션 바에서 방사형 그레이디언트로 설정한 후 캐릭터의 양 뺨에 드래그하면 자연스러운 홍조를 표현할 수 있습니다.

# SECTION 06 | 웹툰 마무리할 때 필요한 기능들 살펴보기

이제 웹툰을 마무리해 보겠습니다. 캐릭터들의 대화 내용을 전달하기 위해 말풍선과 대사를 입력하고, 완성된 원고를 저장하는 방법을 알아보겠습니다.

## 1 말풍선 도형 그리기 : 타원 툴 ⬤

▶예제파일 : PART 4/포토샵 배우기 05.psd

툴 바의 도형 툴에서 마우스 오른쪽 버튼을 클릭하면 다양한 모양의 툴이 나옵니다. 그중 타원 툴 ⬤을 선택하고, 드래그해서 말풍선 모양을 그릴 수 있습니다. 도형 창에서 'Stroke'를 클릭해 획을 없애주세요.

## 2 말풍선 꼬리 그리기 : 삼각형 툴 △

▶예제파일 : PART 4/포토샵 배우기 06.psd

툴 바의 도형 툴에서 마우스 오른쪽 버튼을 클릭한 후 삼각형 툴 △을 선택합니다. 말풍선 밑으로 드래그해서 말꼬리 모양을 만듭니다. 작업이 끝났다면 [Enter]를 누르면 됩니다.

**③ 대사 입력하기 : 텍스트 툴 T**

▶예제파일 : PART 4/포토샵 배우기 07.psd

대사를 입력하거나 효과음 또는 내레이션 등을 입력할 때 툴 바의 텍스트 툴 T을 이용합니다. 텍스트 툴 T을 선택한 후 커서를 텍스트를 입력하고 싶은 곳에 클릭하고 대사를 입력합니다. 그런 다음 툴 바의 아무 툴이나 클릭하면 텍스트 박스가 완성됩니다. 텍스트 툴 옵션 바에서 글꼴, 스타일, 글자 크기와 색상을 설정할 수 있습니다.

**④ 작업 파일 저장하기**

### 다른 이름으로 저장하기(Ctrl + Shift + S)

작업 파일을 저장하려면 메뉴 바에서 [File]-[Save As]를 선택합니다. [다른 이름으로 저장] 창이 나타나면 파일 저장 위치, 파일 이름과 형식을 설정한 후 '저장'을 클릭하면 캔버스가 저장됩니다.

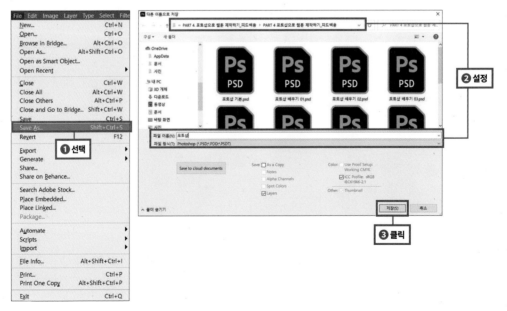

파일 형식에는 대표적으로 PSD, JPEG, PNG가 있습니다. Photoshop (*.PSD;*.PDD;*.PSDT) 확장자는 포토샵 원본 파일로 저장하는 것으로, 이미지 파일이 아니라 레이어가 보존되어 있는 수정용 파일입니다. 웹툰 작업 중에는 PSD 확장자로 저장하죠. JPEG (*.JPG;*.JPEG;*.JPE) 확장자는 압축률이 높은 이미지 파일로 저장합니다. 웹상에 업로드할 때 사용되지만, 미세한 화질 손상이 있습니다. PNG (*.PNG) 확장자는 투명 배경도 저장할 수 있는데, 화질이 높은 이미지 파일로 저장됩니다.

## 웹용으로 저장하기(Ctrl+Shift+Alt+S)

웹상에 업로드하기 적합하게 저장하려면 메뉴 바에서 [File]-[Export]-[Save for Web(Legacy)]를 선택합니다. [Save for Web] 창에서 확장자, 화질, 이미지 크기까지 설정할 수 있습니다.

한 번 저장하면 원고 작업 중간에 수시로 메뉴 바의 [File]-[Save]를 클릭해 저장하거나 Ctrl+S를 눌러 저장해야 합니다. 포토샵은 용량이 큰 프로그램이라 에러가 나거나 강제 종료될 수 있으므로 수시로 저장하는 것이 매우 중요합니다.

# CHAPTER
# 02

# 포토샵으로
# 웹툰 스케치하기

이제 본격적으로 포토샵에서 웹툰을 그려보겠습니다. 우선 그리고자 하는 화의 글 콘티가 짜여 있다면 해당 내용을 바탕으로 그림 콘티를 그립니다. 러프하게 그린 그림 콘티를 바탕으로 칸들을 잡은 다음 선을 따주면 웹툰 스케치가 완성됩니다. 이번 장에서는 포토샵으로 그림 콘티부터 칸을 그리고 선을 따는 방법까지 알아보겠습니다.

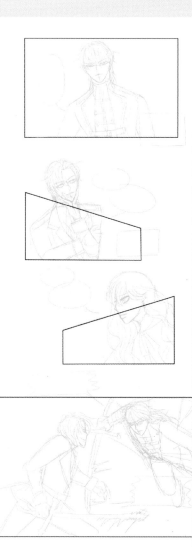

# SECTION 01 | 포토샵에서 그림 콘티 작업하기

**01** 포토샵을 실행하고 'Create New'를 클릭하거나 [Ctrl]+[N]을 눌러 [New Document] 대화상자를 불러옵니다. 아래의 옵션 값을 설정하고 'Create'를 클릭해 새 캔버스를 만듭니다.

**〈New Document 옵션 값〉** Width : 1500px / Height : 4000px / Color Mode : RGB

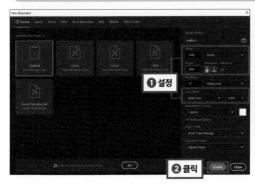
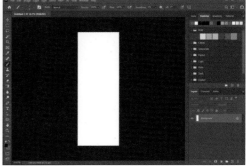

**02** 우선 콘티를 대략적으로 잡아줄 것입니다. [Layers] 패널에서 새 레이어 추가 버튼을 클릭해 새 레이어를 추가합니다. 레이어의 이름을 더블클릭해 '콘티'로 변경합니다.

**03** 툴 바에서 브러시 툴 (B)을 선택하고 [F5]를 눌러 [Brush Settings] 대화상자를 불러옵니다. 브러시 필압이 인식되도록 설정하기 위해 브러시 설정 창에서 아래의 옵션 값을 설정합니다.

〈브러시 옵션 값〉
종류 : Hard Round Pressure Size / Size : 5px
Brush Settings : [Shape Dynamics]-[Size Jitter]-[Control: Pen Pressure], [Smoothing] 선택

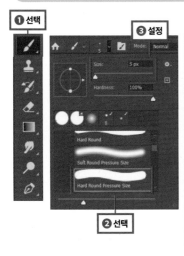

① 선택
③ 설정
② 선택
⑤ 설정
④ 선택
⑥ 선택

TIP

그림을 그릴 때 태블릿 펜에 주어지는 힘의 차이를 브러시의 필압으로 반영합니다. 거친 선이나 섬세한 선을 연출하고 싶을 때 필압을 얼마나 잘 주느냐가 중요합니다. 최소 지름으로 필압의 섬세함을 조절할 수 있으니 다양하게 적용해 보며 자신의 그림 스타일에 맞는 브러시 세팅을 찾아보세요.

**04** 툴 바에서 컬러 피커를 선택해 [Color Picker] 대화상자를 불러옵니다. 콘티를 바탕으로 스케치 선을 딸 것이기 때문에 검은색을 제외한 파란색이나 분홍색 등으로 작업합니다. 여기서는 파란색 계열 색상(#7375d9)을 선택하고, OK를 클릭합니다. [Shift]를 누른 상태에서 직선을 그어 직사각형 모양의 칸을 만듭니다.

③ 클릭
② 색상 선택
① 선택

④ [Shift]+직선 긋기

TIP

웹툰은 스크롤 형식이기 때문에 칸의 배열이 중요합니다. 독자들의 시선을 고려한 칸의 배열로 가독성을 높이고 다양한 연출을 할 수 있습니다.

**05** 캐릭터의 포즈와 비율을 잡기 위해 캐릭터의 형체만 러프하게 그립니다. 얼굴은 이목구비가 삐뚤어지지 않도록 얼굴 중심에 십자선을 그립니다. 십자선은 눈, 코, 입의 비율이나 위치가 어긋나지 않도록 도움을 줍니다.

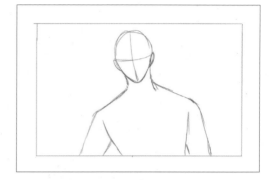

**06** 러프하게 잡아놓았던 윤곽선을 바탕으로 캐릭터에 디테일을 더합니다. 이목구비와 머리카락, 옷의 디테일 등을 그리면 선을 따는 과정이 수월해집니다.

**07** 마무리로 말풍선과 내레이션이 들어갈 공간에 자리를 잡아주세요.

# SECTION 02 | 그림 콘티 수정하기

**01** 콘티를 수정할 '포토샵 스케치 02.psd' 예제파일을 불러옵니다. 콘티 단계에서 캐릭터들의 비율이 흐트러지거나, 어색한 부분은 없는지 꼼꼼하게 확인해야 합니다. 툴 바에서 돋보기 툴 🔍을 활용하거나 Ctrl++를 눌러 캔버스를 확대합니다. 한쪽 눈의 크기가 살짝 더 큰 것 같아 수정하겠습니다. 툴 바에서 올가미 툴 🔗 (L)을 선택하고, 수정하고 싶은 부분을 드래그해서 선택합니다.

**02** 원하는 부위를 선택한 후 Ctrl+T를 눌러 크기 조정 모드로 만듭니다. 모서리를 안쪽으로 드래그해서 선택한 부분의 크기를 비율에 맞게 줄입니다. Enter를 눌러 크기 조절을 완료한 후 Ctrl+D를 눌러 선택을 해제합니다.

# SECTION 03 | 다양한 모양의 칸 만들어 주기

**01** 콘티를 기반으로 칸을 만들기 위해 '포토샵 스케치 03.psd' 예제파일을 불러옵니다. [Layers] 패널에서 콘티 레이어의 Opacity를 30% 정도로 낮춥니다. 콘티의 Opacity가 낮으면 그 위에 작업하는 부분이 더 잘 보입니다. 그런 다음 새 레이어 추가 🔳 버튼을 클릭해 '칸' 레이어를 추가합니다.

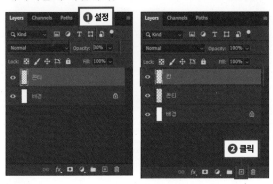

**02** 러프에서 그렸던 칸 모양에 맞춰 선택할 것입니다. 툴 바에서 사각형 선택 윤곽 툴 🔲 (M) 을 선택한 후 칸 크기만큼 드래그합니다.

142

**03** 메뉴 바에서 [Edit]−[Stroke]를 선택해 [Stroke] 대화상자를 불러옵니다. 아래의 옵션 값을 설정하고 OK를 클릭하면 선택된 부분에 획이 그려지며 칸의 테두리가 완성됩니다. [Ctrl] +[D]를 눌러 선택을 해제합니다.

**〈획 값〉** 크기 : 3px / 색상 : 검은색

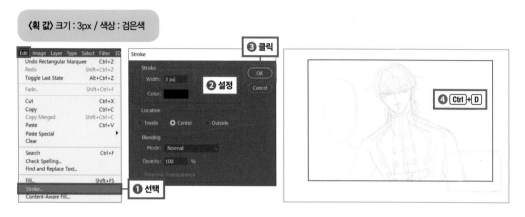

**04** 이번에는 직사각형이 아니라 다양한 모양의 칸을 만들어 보겠습니다. 툴 바에서 펜 툴 (P)을 선택하고, 칸의 각 꼭짓점을 클릭해 연결합니다.

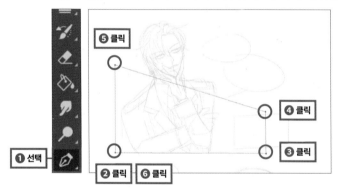

**05** 옵션 바에서 [Selection]을 클릭하면 [Make Selection] 대화상자가 나타납니다. 아래의 설정 값을 입력한 후 OK를 클릭하면 펜 툴로 그린 부분이 선택됩니다.

**〈Make Selection 값〉** Feather Radius : 0px

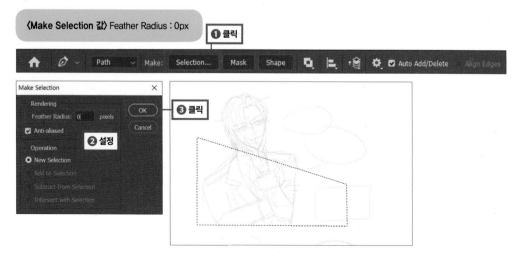

**06** 다시 한 번 메뉴 바에서 **[Edit]**-**[Stroke]**를 선택합니다. 설정 값을 변경하지 않고 OK를 클릭하면 선택된 부분에 획이 생기며 칸이 완성됩니다. **Ctrl**+**D**를 눌러 선택을 해제합니다.

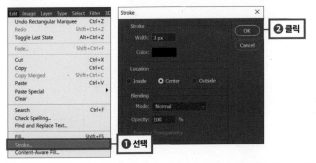

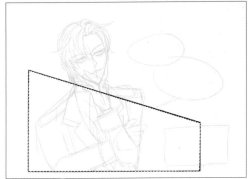

▶예제파일 : PART 4/포토샵 스케치 04.psd ▶완성파일 : PART 4/포토샵 스케치 05.psd

# SECTION 04 | 콘티를 기반으로 깔끔하게 선 따기

**01** 콘티 위에서 깔끔하게 선 작업을 하기 위해 '포토샵 스케치 04.psd' 예제파일을 불러옵니다. 우선 [Layers] 패널에서 새 레이어 추가 ⊞ 버튼을 클릭한 후 '선' 레이어를 추가합니다. 그런 다음 툴 바에서 브러시 툴 ✏ (B)을 선택하고, 컬러 피커 ▣를 선택해 붉은색을 띠는 검은색(#220307)을 설정한 후 OK를 클릭합니다.

**TIP**

레이어를 추가한 후 레이어 이름을 더블클릭하면 레이어 이름을 변경할 수 있습니다.

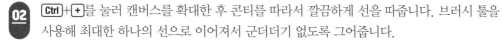

**02** Ctrl + ➕를 눌러 캔버스를 확대한 후 콘티를 따라서 깔끔하게 선을 따줍니다. 브러시 툴을 사용해 최대한 하나의 선으로 이어져서 군더더기 없도록 그어줍니다.

**03** [Layers] 패널에서 '콘티' 레이어의 눈 모양 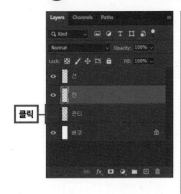을 체크 해제해 레이어를 숨긴 후 선이 꼼꼼하게 따졌는지 확인합니다.

클릭

**04** 작업하다 보면 인체가 삐뚤어졌는지 객관적으로 확인이 안 될 때가 있습니다. 좌우반전을 해주면 좀 더 객관적으로 비율이 맞는지 확인할 수 있어요. 메뉴 바에서 [Edit]–[Transform]–[Flip Horizontal]을 선택해 캔버스를 반전시킵니다. 캐릭터의 인체 비율이 맞는지 확인한 후 Ctrl+Z를 눌러 실행을 취소해 캔버스를 원래대로 만듭니다.

❶선택

❷선택

**TIP** 선 따기 작업을 하면서 수시로 좌우반전을 해서 인체 비율이 잘 맞는지 확인하는 것이 좋습니다.

**05** 이번에는 칸을 벗어나서 캐릭터와 겹치는 부분을 지워주겠습니다. 우선 [Layers] 패널에서 '칸' 레이어를 선택합니다. 툴 바에서 지우개 툴 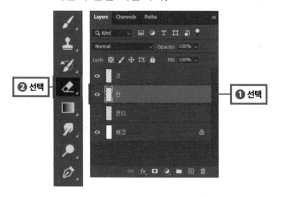(E)을 선택하고, 칸과 캐릭터가 겹치는 부분을 지웁니다.

**❷ 선택**

**❶ 선택**

 **❸ 지우기**

**06** 마지막으로 검은색으로만 선을 그리면 다소 딱딱한 느낌이 들 수 있습니다. 좀 더 부드러운 느낌을 연출하기 위해 몇몇 디테일한 선들을 갈색으로 바꿔보겠습니다. 우선 [Layers] 패널에서 '선' 레이어를 선택한 후 투명 레이어 잠그기 █를 클릭합니다.

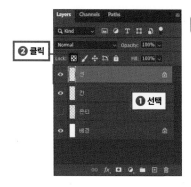

**❷ 클릭**

**❶ 선택**

**TIP**

투명 레이어 잠그기를 하면 잠근 레이어에서 작업된 영역에만 효과가 적용될 수 있습니다.

**07** 툴 바에서 브러시 툴 ✏️ (**B**)을 선택한 후 컬러 피커 ■를 선택해서 짙은 갈색(#4a1704)으로 설정합니다.

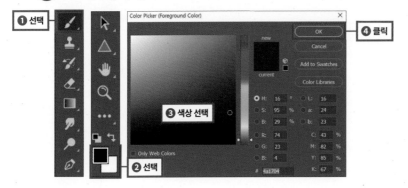

**08** 눈썹, 머리카락, 옷 주름같이 부드러운 디테일을 주고 싶은 부분을 갈색으로 칠하면 선이 부드럽게 바뀝니다.

**09** 콘티를 기반으로 깔끔하게 선 따기를 완성했습니다.

**TIP**

검은색 선으로만 선을 따면 스케치가 답답하고 정직한 느낌이 납니다. 섬세한 부분에 힘을 빼서 강약 조절을 하고 싶으면 캐릭터의 일부분을 연한 색상으로 바꿔주는 것이 방법이죠. 속눈썹이나 머리카락, 옷 주름처럼 디테일한 부분만 갈색으로 선을 따주면 분위기가 한층 부드러워집니다.

# PART
# 05

# 포토샵으로
# 웹툰 완성하기

4파트에서는 포토샵을 통해서 웹툰의 콘티부터 스케치 작업까지 해보았습니다. 5파트에서는 완성된 스케치를 기반으로 채색부터 마무리 작업까지 할 차례인데요. 우선 웹툰을 그릴 때는 마감 시간을 맞춰서 작업하는 것이 중요합니다. 그래서 효율적으로 채색할수 있는 애니메이션식 채색법을 배워볼 거예요. 그런 다음 포토샵에서 활용할 수 있는다양한 패턴과 효과를 활용해서 웹툰 원고를 더욱 퀄리티 높게 만들어 보겠습니다.

# CHAPTER
# 01

# 깔끔한 애니메이션식
# 채색하기

앞에서는 아이패드를 활용해서 색들을 겹겹이 쌓아 올리는 수채화식 채색법을 배워보 았습니다. 이번 장에서는 웹툰 작업 특성상 더 효율적인 애니메이션식 채색법을 알아 볼건데요. 깔끔하고 효율적으로 밑색을 칠한 후 그 위에 빛과 그림자를 표현하는 명암 을 더해서 웹툰을 입체적으로 만들고, 그레이디언트 효과로 캐릭터들에게 부드러움을 연출해 보겠습니다.

# SECTION 01 | 캐릭터 밑색 채우기

**01** 포토샵을 실행한 후 Ctrl+O를 눌러 '포토샵 채색 01.psd' 예제파일을 불러옵니다.

**02** 우선 캐릭터들의 피부색을 채색하겠습니다. [Layers] 패널에서 새 레이어 추가 버튼을 클릭해 '피부색' 레이어를 추가한 후 레이어 모드를 'Multiply'로 설정합니다. 툴 바에서 컬러 피커를 선택하고 컬러 피커 창에서 피부 색상(#f9e9d7)을 설정한 후 OK를 클릭합니다.

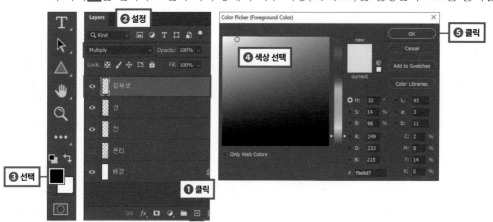

**TIP** 레이어 모드를 'Multiply'로 설정하는 이유는 Normal 모드로 채색하면 색상이 스케치선을 덮어버릴 수 있기 때문에 밑의 레이어 위를 반투명하게 덮는 Multiply 모드를 사용합니다.

**03** 색상을 채우기 위해서 툴 바에서 페인트통 툴을 선택합니다. 이때 옵션 바에서 'All Layers'를 체크하고, Tolerance를 '60'으로 설정합니다. 그런 다음 색을 채워넣고 싶은 부분을 클릭해 색상을 부어주세요.

**❸ 설정**

**❷ 체크**

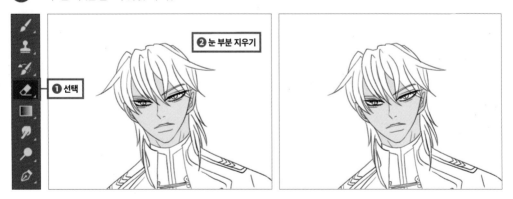

**❶ 선택**

**TIP**
All Layers를 체크하면 모든 레이어를 인식해 색상을 붓게 해줍니다. All Layers가 체크 해제된 상태로 페인트통 툴을 클릭하면 '피부색' 레이어에는 아무것도 없어서 캔버스 전체에 색이 덮히게 됩니다. All Layers를 체크했기 때문에 '선' 레이어에서 작업한 스케치 영역을 인식하게 됩니다.

**TIP**
비교적 밝은 색상들은 페인트통을 부어도 꼼꼼하게 채워집니다. 하지만 어두운 색은 페인트통을 사용하면 꼼꼼하게 채워지지 않기 때문에 유의해 주세요.

**04** 자세히 보면 눈 쪽에도 피부색이 칠해져 있습니다. 툴 바에서 지우개 툴(**E**)을 선택해서 눈 부분을 지워줍니다.

**❷ 눈 부분 지우기**

**❶ 선택**

**05** 이번에는 머리 색상을 채우겠습니다. 머리는 어두운 색상으로 꼼꼼히 칠하기 위해 페인트 통 툴  이 아닌, 다른 방법으로 채워보겠습니다. 우선 **[Layers]** 패널에서 새 레이어 추가 🞧 버튼을 클릭해 '머리색' 레이어를 추가한 후 레이어 모드를 'Multiply'로 설정합니다. 툴 바에서 자동선택 툴 🪄 (**W**)을 선택한 후 옵션 바에서 아래의 옵션 값을 설정하고 채색하고 싶은 부분을 클릭합니다.

> **TIP**
> **Shift**를 누른 상태에서 자동선택 툴을 클릭하면 여러 영역을 선택할 수 있습니다.

**06** 메뉴 바에서 **[Select]**-**[Modify]**-**[Expand]**를 선택해 **[Expand Selection]** 대화상자를 불러옵니다. Expand By를 1pixel로 설정한 후 OK를 클릭해 선택 영역을 1pixel만큼 확장합니다.

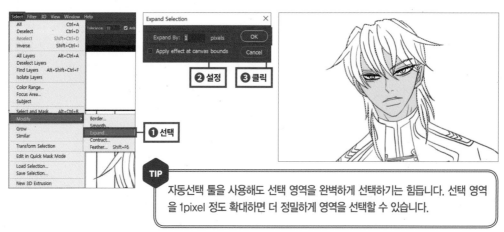

> **TIP**
> 자동선택 툴을 사용해도 선택 영역을 완벽하게 선택하기는 힘듭니다. 선택 영역을 1pixel 정도 확대하면 더 정밀하게 영역을 선택할 수 있습니다.

**07** 머리카락을 검은색으로 채색하려고 합니다. 툴 바에서 스포이드 툴 (①)을 선택하고, 스케치 선 부분을 클릭해 선과 똑같은 검은색을 추출합니다. 그런 다음 Alt + Delete를 누르면 전경색으로 선택 영역이 모두 채워집니다. Ctrl + D를 눌러 선택 영역을 해제합니다.

**08** 자주 사용되는 색상이라 [Swatches] 패널에 등록해 놓겠습니다. [Swatches] 패널에서 색상 추가 ⊞를 클릭해 [Color Swatch Name] 대화상자가 나타나면 OK를 클릭합니다. [Swatches] 패널에 새로운 색이 추가됩니다.

**09** [Ctrl]+[+]를 눌러 캔버스를 확대합니다. 자세히 보면 뾰족한 부분은 채색이 꼼꼼하게 되지 않은 것을 볼 수 있는데요. 툴 바에서 브러시 툴(✏)([B])을 선택해 빈 부분을 꼼꼼하게 칠합니다.

**① 선택**

**② 꼼꼼히 채색**

**10** 머리카락에 자연스럽게 그레이디언트 효과를 줄 것입니다. 우선 툴 바에서 그레이디언트 툴(■)([G])을 선택한 후 옵션 바에서 Radial Gradient(■)로 설정하고, 그레이디언트 색상 바를 클릭합니다. **[Gradient Editor]** 대화상자가 나타나면 'Basics' 폴더에서 'Foreground to Transparent'로 설정합니다. 전경색을 검은색보다 좀 더 밝은 색상(#41080f)으로 설정한 후 OK를 클릭합니다.

**③ 클릭**  **② 클릭**

**① 선택**  **④ 선택**  **⑥ 클릭**  **⑤ 설정**

**TIP**
툴 바에서 페인트통 툴(■)을 길게 누르거나 마우스 오른쪽 버튼을 클릭하면 그레이디언트 툴(■)을 선택할 수 있는 메뉴가 나타납니다.

**TIP**
Gradient Editor에서 'Foreground to Transparent'를 설정해야 한 레이어에서 여러 번의 그레이디언트 효과를 줄 수 있습니다.

**11** [Layers] 패널에서 레이어 잠그기 를 클릭해 머리색 레이어를 고정합니다. 캐릭터의 머리카락 윗부분을 드래그해 밝은 그레이디언트 색상을 입힙니다.

❷ 드래그해서 그레이디언트 입히기

**TIP** 채색된 레이어를 잠그면 밑색이 깔린 영역에만 작업이 적용됩니다.

**12** 이번에는 의상을 채색하기 위해 [Layers] 패널에서 새 레이어 추가 버튼을 클릭해 '의상' 레이어를 추가합니다. 레이어 모드를 'Multiply'로 설정한 후 03~09번의 방법을 반복해서 밑색을 칠합니다.

❸ 채색 반복

## SECTION 02 | 명암을 그려서 입체적인 효과 주기

**01** 이제 빛과 어둠을 표현하는 명암을 표현하기 위해 '포토샵 채색 02.psd' 예제파일을 불러옵니다. **[Layers]** 패널에서 새 레이어 추가 버튼을 클릭해 밑 채색 레이어들 위에 '명암' 레이어를 추가한 후 레이어 모드를 'Multiply'로 설정합니다. 툴 바에서 브러시 툴 (**B**)을 선택하고, 컬러 피커에서 연한 회색(#eee3df)으로 설정합니다. 브러시 종류는 'Hard Round Pressure Size'를 선택하고, 크기는 '7px'로 설정합니다.

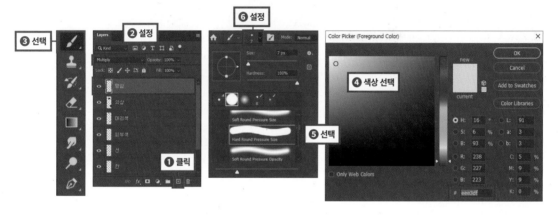

**02** 브러시 툴을 활용해서 얼굴에 그림자가 지는 부분을 명암으로 표현합니다.

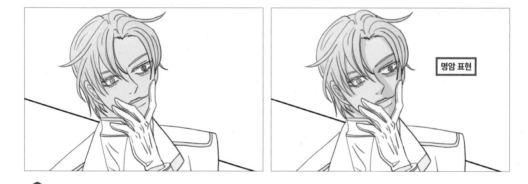

명암 표현

**TIP**
명암 표현 시 평소에 빛의 방향이나 강도에 따라 그림자가 어떻게 지는지 관찰하면 좋습니다.
머리카락, 코, 입술, 옷 주름의 입체적이거나 겹쳐지는 영역에 명암을 그려주세요.

**03** 머리카락과 의상에도 명암을 표현합니다. (Space Bar)를 눌러 핸드 툴로 캔버스의 위치를 옮겨가며 작업합니다.

**04** 명암 표현을 할 영역이 크다면 브러시 툴보다는 올가미 툴을 사용하는 것이 편합니다. 툴 바에서 올가미 툴 ♀(L)을 선택한 후 (Shift)를 누른 상태로 옷에서 주름지는 부분을 드래 그해 복수 선택합니다. 그런 다음 (Alt)+(Delete)를 눌러서 선택 영역을 전경색(#eee3df)으로 채웁 니다.

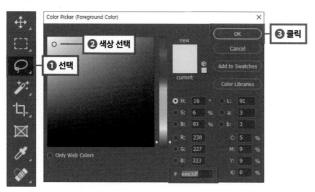

**05** Ctrl+D를 눌러 선택을 해제한 후 툴 바에서 브러시 툴 (B)을 선택해 명암 표현이 좀 더 자연스러워질 수 있도록 조금 더 덧대어 그립니다.

선택

**06** 명암에도 자연스럽게 그레이디언트 효과를 주겠습니다. **[Layers]** 패널에서 레이어 잠그기 를 클릭해 명암 레이어를 잠급니다. 그리고 툴 바에서 그레이디언트 툴 (G)을 선택한 후 컬러 피커 에서 명암 색상보다 연한 색(#f6e6dc)을 선택합니다. 명암이 입혀진 부분에 드래그해 그레이디언트 효과를 적용합니다.

② 선택

⑤ 드래그해 그레이디언트 적용

# SECTION 03 | 그레이디언트 효과로 생기 불어넣기

**01** 캐릭터들의 뺨의 홍조와 입술 색을 표현할 차례입니다. '포토샵 채색 03.psd' 예제파일을 불러옵니다. **[Layers]** 패널에서 새 레이어 추가 ⊞ 버튼을 클릭해 '홍조' 레이어를 추가한 후 레이어 모드를 'Multiply'로 설정합니다. 툴 바에서 자동선택 툴 ✐ (W)을 선택하고 캐릭터의 얼굴 부분을 선택합니다.

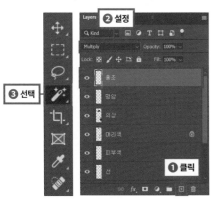

**02** 툴 바에서 그레이디언트 툴 ▣ (G)을 선택한 후 컬러 피커 ▣에서 분홍색(#ffdce0)을 선택합니다. 캐릭터의 뺨 부분을 드래그해 핑크색 그레이디언트 효과를 입혀 홍조를 표현한 후 Ctrl + D를 눌러 선택을 해제합니다.

**03** 입술의 혈색도 표현해 보겠습니다. 툴 바에서 올가미 툴 🔾(L)을 선택하고, 입술 부분을 선택합니다. 툴 바에서 그레이디언트 툴 ▮(G)을 선택하고, 선택된 영역을 드래그해 입술의 혈색을 표현합니다. Ctrl + D를 눌러 선택을 해제합니다.

**04** 툴 바에서 지우개 툴 ✐(E)을 선택합니다. 옵션 바에서 'Soft Round'로 선택하고, 크기를 25px로 조절합니다. 입술 경계를 살짝 문질러 자연스럽게 표현해 주세요.

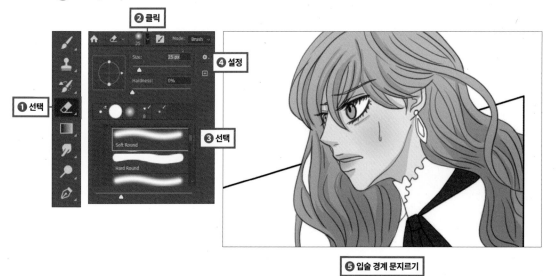

⑤ 입술 경계 문지르기

**05** 마지막으로 캐릭터의 얼굴이나 머리카락에 하이라이트를 적용해 빛의 반사를 표현하겠습니다. [Layers] 패널에서 새 레이어 추가 ⊞ 버튼을 클릭해 '하이라이트' 레이어를 추가합니다. 레이어 모드를 'Multiply'로 설정하고, Opacity는 95%로 줄입니다. 툴 바에서 브러시 툴 ✎(B)을 선택하고, 컬러 피커 ■에서 흰색(#ffffff)으로 설정합니다. 눈동자, 머리카락, 입술 등에 빛을 표현합니다.

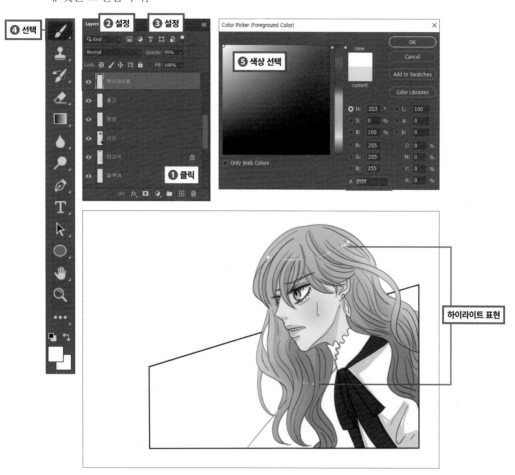

이렇게 깔끔하게 애니메이션식으로 채색이 완성되었습니다.

**TIP**

웹툰은 마감 시간 내에 수십 컷의 작업을 완성해야 하는 작업입니다. 채색을 좀 더 효율적이고 빠르게 하고 싶다면 애니메이션식 채색으로 포토샵의 기능을 최대한 활용해 보세요.

**하데스** 캐릭터 시트

웹툰 채색 작업을 할 때, 캐릭터 컬러 시트를 미리 만들어 놓으면 채색이 수월해집니다. 컬러 시트란 캐릭터의 피부색, 머리카락, 눈동자 색부터 자주 입는 의상의 컬러까지 한눈에 보기 쉽게 정리한 것입니다. 포토샵에서 웹툰 채색단계에서 캐릭터 컬러 시트를 불러온 다음, 필요한 컬러들을 스포이드 툴을 활용해서 따오면 효율적입니다.

# CHAPTER
# 02

# 다양한 특수 효과
# 연출하기

포토샵의 장점은 다양한 기능들을 활용해 수많은 연출과 효과를 줄 수 있다는 것입니다. 그중 매번 그리기 힘든 복잡한 패턴을 사용해 웹툰에 섬세한 디테일을 더할 수 있습니다. 또한 캐릭터들의 움직임을 더욱 역동적으로 표현하기 위한 집중선 효과도 줘볼 거예요. 마지막으로는 말풍선을 만들고, 원고를 저장하는 것까지 알아보겠습니다

끼 ~익

제우스, 여기 있었군

죽음의 신
**하데스**

하데스 형님이 직접 찾아올 정도로 페르세포네가 중요한가 봅니다..?

하늘의 신
**제우스**

하..하데스 님..!

나를 건드리는거 싫어하는거 알텐데

파

하하 유일한 취미인걸요..!

앗

# SECTION 01 | 패턴을 활용해서 의상과 배경 디테일 살리기

**01** 패턴을 활용해서 의상과 배경을 더욱 높은 퀄리티로 꾸며보겠습니다. 우선 포토샵에서 활용 가능한 브러시와 패턴은 온라인에서 검색해서 다운로드할 수 있습니다. my PhotoshopBrushes(https://myphotoshopbrushes.com/) 사이트에 접속해서 마음에 드는 패턴을 다운로드합니다. 다운로드한 압축파일을 압축 풀기한 후 pat 확장자의 파일을 더블클릭하면 자동으로 포토샵에 적용됩니다.

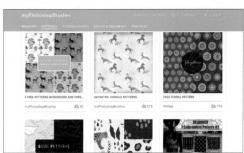
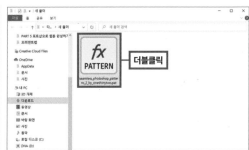

**TIP**

포토샵 패턴과 브러시 소스 중 활용할 만한 것들을 틈틈이 다운로드받는 것이 좋습니다. 종종 포털 사이트에서 'photoshop pattern' 또는 'photoshop brush'를 검색해 보세요. 소스들이 다양할수록 내 웹툰이 더욱 디테일해지고 퀄리티가 높아집니다.

**02** 포토샵을 실행한 후 '포토샵 채색 04.psd' 예제파일을 불러옵니다. 툴 바에서 페인트통 툴 🪣을 선택하고, 옵션 바에서 'Foreground'(전경색)를 'Pattern'(패턴)으로 바꿉니다. 옆 패턴 창의 화살표를 클릭해 방금 다운로드한 패턴 폴더에서 원하는 패턴을 선택합니다.

**03** [Layers] 패널에서 '의상' 레이어를 선택한 후 새 레이어 추가 ⊞ 버튼을 클릭해 '패턴' 레이어를 추가합니다. 레이어 모드를 'Multiply'로 설정한 후 의상 패턴을 입히고 싶은 곳에 페인트통을 부어주세요.

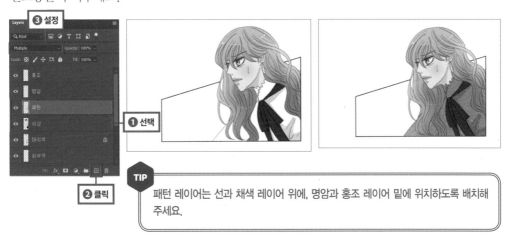

**TIP** 패턴 레이어는 선과 채색 레이어 위에, 명암과 홍조 레이어 밑에 위치하도록 배치해 주세요.

**04** 그런 다음 배경에도 패턴을 적용합니다. [Layers] 패널에서 '콘티' 레이어를 선택하고 새 레이어 추가 ⊞ 버튼을 클릭해 '배경색' 레이어를 추가합니다. 페인트통 옵션 바에서 다시 Foreground(전경색)로 설정을 바꾼 후 컬러 피커 ■에서 색상을 지정(#7a6d6d)해서 배경의 기본 밑색을 입합니다.

**TIP** 배경색 레이어는 선과 칸 레이어 밑으로 위치하도록 배치해 주세요.

**TIP** 선 레이어 밑에 채색 레이어를 위치시키는 경우 레이어 모드를 Normal로 해도 깔끔하게 채색됩니다.

**05** [Layers] 패널에서 새 레이어 추가 ⊞ 버튼을 클릭해 '배경패턴' 레이어를 추가합니다. 레이어 모드는 Multiply, Opacity는 60%로 낮춥니다. 페인트통 옵션 바에서 Pattern으로 설정을 바꾼 후 배경에 어울릴 만한 패턴을 선택합니다. 배경에 있는 문 영역을 클릭해 패턴을 입히면 문의 질감이 표현됩니다.

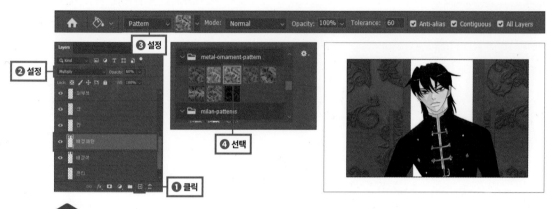

> **TIP** 패턴의 색상을 임의로 바꿀 수는 없습니다. 그래서 배경색 레이어에서 밑색을 깔아준 후 배경 패턴 레이어의 Opacity를 낮춰서 반투명한 패턴에 밑 색상이 비치도록 연출해 줍니다.

**06** 배경에서 자연스러운 빛을 연출해야 할 때가 있습니다. 여기서는 문이 열리면서 문밖의 빛이 들어오는 효과를 적용해 보겠습니다. [Layers] 패널에서 '하이라이트' 레이어를 선택하고, 새 레이어 추가 ⊞ 버튼을 클릭해 '빛' 레이어를 추가합니다. 레이어 모드는 Overlay, Opacity는 50% 정도로 설정합니다. 툴 바에서 브러시 툴 ✎ (**B**)을 선택하고, 옵션 바에서 아래의 옵션 값을 설정한 후 캐릭터 주변 부분을 부드럽게 문질러서 빛 효과를 표현합니다.

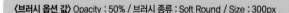

〈브러시 옵션 값〉Opacity : 50% / 브러시 종류 : Soft Round / Size : 300px

> **TIP** Overlay 레이어는 밑의 레이어의 색상을 어느 정도 무시하고 발색 효과를 줍니다. 자연스럽게 빛 효과를 연출할 때 자주 활용합니다.

> **TIP** 브러시 Opacity를 낮추면 색상이 비비드하게 표현되지 않고 자연스럽고 부드럽게 표현됩니다.

# SECTION 02 | 브러시로 특수 효과 연출하기

**01** 브러시를 활용해서 더욱 생생한 질감을 표현해 보겠습니다. 패턴과 마찬가지로 브러시도 온라인에서 검색할 수 있습니다. myPhotoshopBrushes(https://myphotoshopbrushes. com/) 사이트에 접속해서 배경에 활용할 브러시를 다운로드해 보겠습니다. 다운로드한 압축파일을 압축 풀기한 후 abr 확장자의 파일을 더블클릭하면 자동으로 포토샵에 적용됩니다.

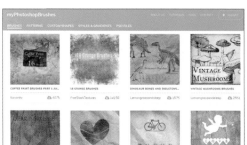 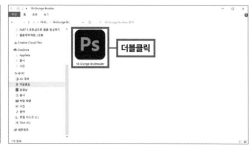

**TIP**

포토샵 패턴의 경우에는 반복적인 패턴을 클릭 한 번만으로 적용할 수 있습니다. 의상 패턴이나 배경에 종종 활용합니다. 브러시의 경우에는 자신이 원하는 만큼 직접 조절할 수 있기 때문에 특정 오브제를 찍어내기 쉽습니다.

**02** 우선 배경색을 입혀볼 것입니다. [Layers] 패널에서 '배경색' 레이어를 클릭해 주세요. 툴바에서 자동선택 툴(W)을 선택한 후 배경 부분을 선택합니다. Shift를 누른 채 모든 공간을 복수 선택해 주세요.

**❷ 선택**

**❶ 클릭**

**❸ Shift +복수 선택**

**03** 배경을 꼼꼼하게 채울 수 있도록 선택 영역을 확장해 보겠습니다. 메뉴 바에서 **[Select]**– **[Modify]**–**[Expand]**를 선택해 **[Expand Selection]** 대화상자에서 '1pixel'로 설정합니다. OK 를 클릭하면 선택 영역이 1pixel만큼 확장됩니다.

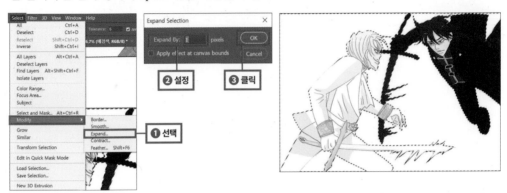

**04** 툴 바의 컬러 피커 █에서 어두운 회색(#494949)을 선택하고 **Alt**+**Delete**를 눌러 선택 영 역에 색상을 채웁니다.

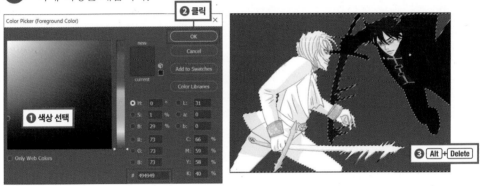

**05** 다운받은 브러시를 활용해서 밋밋한 배경에 생동감을 불어넣겠습니다. 툴 바에서 브러시 툴 █(**B**)을 선택하고, 옵션 바에서 브러시 부분을 클릭해 다운받은 '18 Grunge Brushes' 를 활용해서 액션 장면에 휘날리는 먼지를 표현해 볼 거예요.

〈브러시 옵션 값〉 종류 : Grunge Background 2 / 크기 : 2165px / 색상 : #635d53

**06** 브러시를 찍어줬다면 Ctrl+D를 눌러서 선택 해제를 해줍니다.

Ctrl+D

**07** 능력자와 초능력이 등장하는 웹툰에서 많이 쓰이는 특수 효과를 적용해 보겠습니다. [Layers] 패널에서 새 레이어 추가 ⊞ 버튼을 클릭해 '번개효과' 레이어를 추가해 주세요. 레이어 스타일 *fx.* 을 클릭해 'Outer Glow'를 선택합니다.

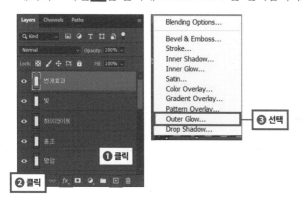

**08** [Layer Style] 창에서 아래의 옵션 값을 설정한 후 OK를 클릭합니다.

〈Outer Glow 옵션 값〉
Structure : Blend Mode_Multiply, Opacity_100%, 색상_#ffe763
Elements : Spread_0%, Size_20px / Quality : Rage_50%, Jitter_0%

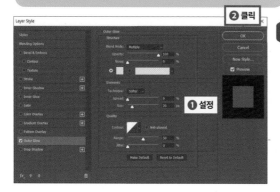

**TIP**
Outer Glow 효과는 해당 레이어에서 작업하는 영역의 바깥 부분에 빛나는 효과를 줍니다. 전기나 불, 그림자 등을 연출할 때 자주 활용합니다.

**09** 툴 바에서 브러시 툴 ✏️ (B)을 선택하고, 브러시 옵션 바에서 'General Brushes'에 위치한 'Hard Round Pressure Size'를 10px 크기로 설정합니다. 그런 다음 컬러 피커 🔲에서 흰 색(#ffffff)으로 설정하고 검에서 나오는 번개효과를 그려서 표현해 주세요.

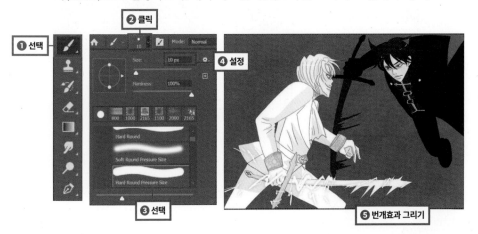

**10** 어둠효과도 연출해 보겠습니다. [Layers] 패널에서 새 레이어 추가 ⊞ 버튼을 클릭해 '어둠효과' 레이어를 추가해 주세요. 레이어 스타일 fx.을 클릭해 'Outer Glow'를 선택합니다.

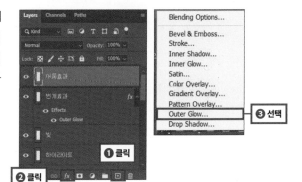

**11** [Layer Style] 창에서 아래의 옵션 값을 설정한 후 OK를 클릭합니다.

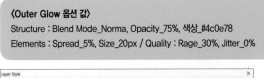

〈Outer Glow 옵션 값〉
Structure : Blend Mode_Norma, Opacity_75%, 색상_#4c0e78
Elements : Spread_5%, Size_20px / Quality : Rage_30%, Jitter_0%

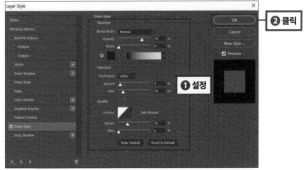

**12** 툴 바에서 브러시 툴 🖌 (**B**)을 선택하고, 브러시 옵션 바에서 'General Brushes'에 위치한 'Hard Round Pressure Size'를 10px 크기로 설정합니다. 그런 다음 컬러 피커🔳에서 검은색(#000000)으로 설정하고 검에서 나오는 어둠효과를 그려서 표현해주세요.

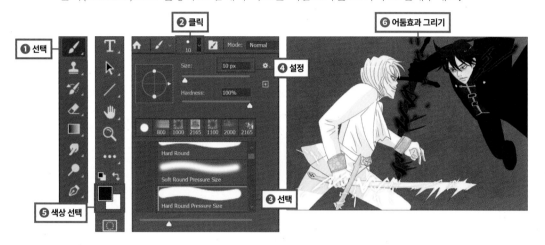

**13** 더 역동적인 연출을 위해서 모션 블러 효과를 주겠습니다. [Layers] 패널에서 '번개효과' 레이어를 클릭해 주세요. 메뉴 바에서 [Filter]-[Blur]-[Motion Blur]를 선택해 줍니다.

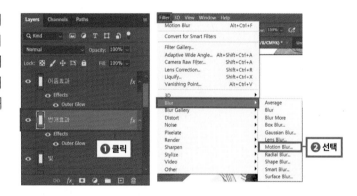

**14** [Motion Blur] 창이 뜨면 Anlge은 17도, Distance는 10pixel로 설정하고 OK를 클릭합니다. 모션 블러 효과가 적용되어 번개효과 부분이 더욱 역동적이고 생생하게 보입니다.

**TIP**

Motion Blur 효과는 캐릭터나 물체가 움직이는 것처럼 보이게 연출해 줍니다. Distance의 값에 따라 더 역동적으로 보이도록 설정할 수 있습니다.

# SECTION 03 | 집중선 효과로 역동성 표현하기

**01** 이번에는 동적인 장면에서 긴박감을 전달하기 위해 자주 사용되는 집중선을 만들어 보겠습니다. 포토샵에서 Ctrl+N을 눌러 [New Document] 대화상자를 불러옵니다. 아래의 옵션 값을 설정하고 'Create'를 클릭해 새 캔버스를 만듭니다. [Layers] 패널에서 Background 레이어 이름을 '한방향집중선'으로 변경합니다.

**〈New Document 옵션 값〉**
Width : 700px
Height : 300px

❶ 설정

❷ 클릭

❸ 이름 변경

**02** 툴 바에서 페인트통 툴 🛆을 선택한 후 컬러 피커 🔳에서 흰색(#ffffff)으로 설정합니다. 메뉴 바에서 [Filter]-[Noise]-[Add Noise]를 선택해 [Add Noise] 대화상자를 불러온 후 아래의 옵션 값을 설정하고 OK를 클릭합니다.

**〈Add Noise 옵션 값〉** Amount : 70% / Distribution : Gaussian 선택 / Monochromatic에 체크

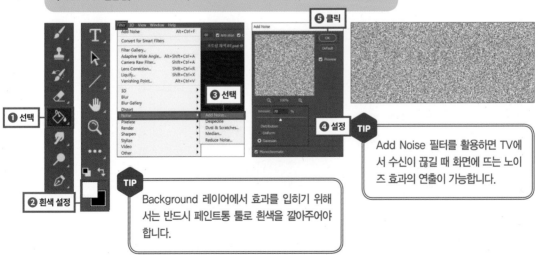

❶ 선택

❷ 흰색 설정

❸ 선택

❹ 설정

❺ 클릭

**TIP** Background 레이어에서 효과를 입히기 위해서는 반드시 페인트통 툴로 흰색을 깔아주어야 합니다.

**TIP** Add Noise 필터를 활용하면 TV에서 수신이 끊길 때 화면에 뜨는 노이즈 효과의 연출이 가능합니다.

**03** 다시 메뉴 바에서 [Filter]-[Blur]-[Motion Blur]를 선택해 [Motion Blur] 대화상자를 불러온 후 아래의 옵션 값을 설정하고 OK를 클릭합니다.

⟨Motion Blur 옵션 값⟩ Angle : 0˚ / Distance : 2000px

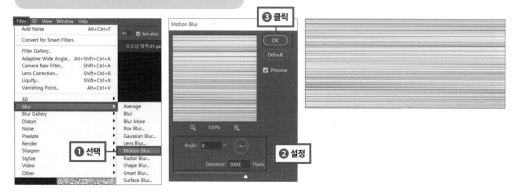

**04** 모션 블러 효과로 만들어진 선을 더 선명하고 뚜렷하게 만들기 위해서 메뉴 바에서 [Image]-[Adjustments]-[Threshold]를 선택해 [Threshold] 대화상자를 불러옵니다. Threshold Level을 약 170~180으로 높인 다음 OK를 클릭합니다.

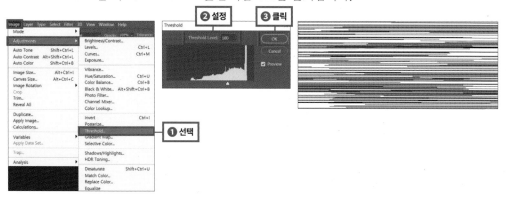

**05** 다시 메뉴 바에서 [Filter]-[Blur]-[Motion Blur]를 선택해 [Motion Blur] 대화상자를 불러온 후 아래의 옵션 값을 설정하고 OK를 클릭합니다.

⟨Motion Blur 옵션 값⟩ Angle : 0˚ / Distance : 2000px

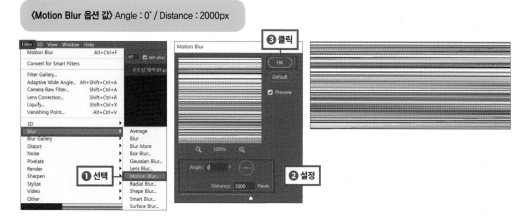

**06** 선이 자연스럽게 희미해지는 페이드 인 효과를 연출하기 위해 컬러 피커에서 전경색을 흰색(#ffffff)으로 설정합니다. 그레이디언트 툴■을 선택하고, 옵션 바에서 Linear Gradient■로 설정한 후 그레이디언트 색상 바를 클릭합니다. [Gradient Editor] 창이 나타나면 기본 사항 폴더에서 '전경색에서 투명으로'로 설정한 후 OK를 클릭합니다. 캔버스의 왼쪽에서부터 가운데까지 드래그해 자연스러운 페이드를 연출합니다.

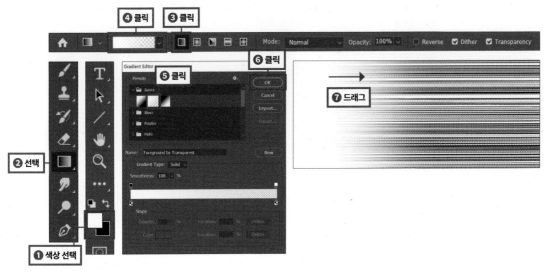

**07** 집중선이 필요할 때마다 사용할 수 있게 브러시로 등록해 놓겠습니다. 메뉴 바에서 [Edit]—[Define Brush Preset]을 선택해 [Brush Name] 대화상자를 불러옵니다. '한방향집중선' 브러시 이름을 입력하고 OK를 클릭합니다.

**08** 이제 컷의 한 장면을 강조할 때 사용되는 원형집중선을 만들어 보겠습니다. `Ctrl`+`N`을 눌러 [New Document] 대화상자를 불러옵니다. 아래의 옵션 값을 설정하고 'Create'를 클릭해 새 캔버스를 만듭니다. [Layers] 패널에서 Background 레이어 이름을 '원형집중선'으로 변경합니다.

〈**New Document 옵션 값**〉 Width : 700px / Height : 700px

**09** 툴 바에서 페인트통 툴을 선택한 후 컬러 피커에서 흰색(#ffffff)으로 설정합니다. 메뉴 바에서 [Filter]-[Noise]-[Add Noise]를 선택해 [Add Noise] 대화상자를 불러온 후 아래의 옵션 값을 설정하고 OK를 클릭합니다.

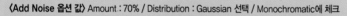
〈**Add Noise 옵션 값**〉 Amount : 70% / Distribution : Gaussian 선택 / Monochromatic에 체크

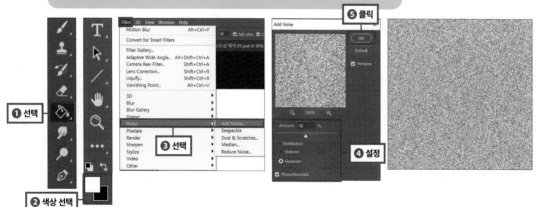

**10** 다시 메뉴 바에서 **[Filter]–[Blur]–[Motion Blur]**를 선택해 **[Motion Blur]** 대화상자를 불러온 후 아래의 옵션 값을 설정하고 OK를 클릭합니다.

〈**Motion Blur 옵션 값**〉 Angle : 90° / Distance : 2000px

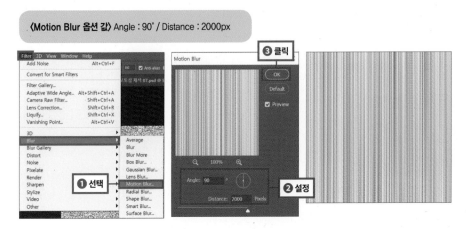

**11** 선을 좀 더 선명하게 만들기 위해 메뉴 바에서 **[Image]–[Adjustments]–[Equalize]**를 선택합니다.

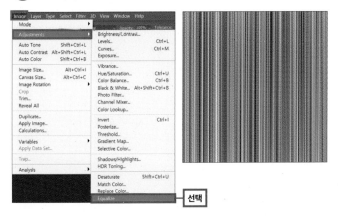

**12** 선 사이에 적당한 간격을 만들기 위해 메뉴 바에서 **[Image]–[Adjustments]–[Brightness/Contrast]**를 선택해 **[Brightness/Contrast]** 대화상자를 불러옵니다. Brightness와 Contrast 를 둘 다 최대치로 높인 후 OK를 클릭합니다.

**13** 가운데로 집중되는 선을 적용하기 위해 메뉴 바에서 **[Filter]-[Distort]-[Polar Coordinates]**를 선택해 **[Polar Coordinates]** 대화상자를 불러옵니다. Rectangular to Polar에 체크한 후 OK를 클릭합니다.

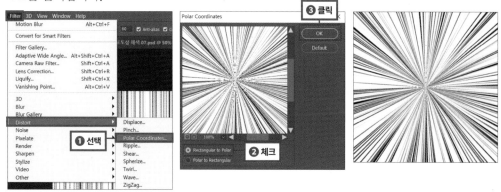

**14** 툴 바에서 지우개 툴 ◆을 선택하고 아래의 옵션 값을 설정한 후 캔버스 가운데부터 원을 그리며 지워줍니다.

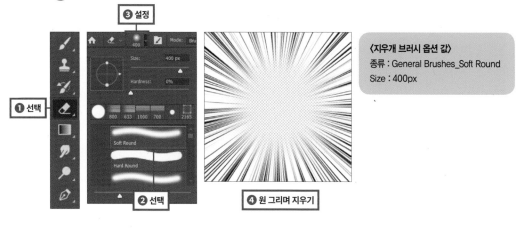

**〈지우개 브러시 옵션 값〉**
종류 : General Brushes_Soft Round
Size : 400px

**15** 완성된 원형집중선을 브러시 패턴으로 등록하기 위해 메뉴 바에서 **[Edit]-[Define Brush Preset]**을 선택합니다. **[Brush Name]** 대화상자가 나타나면 이름을 입력하고 OK를 클릭합니다.

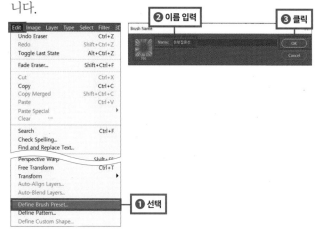

**16** 다시 웹툰 원고 파일로 돌아가 보겠습니다. `Ctrl`+`O`를 눌러서 '포토샵 채색 06.psd' 예제 파일을 불러옵니다.

**17** [Layers] 패널에서 새 레이어 추가 ⊞ 버튼을 클릭해 '집중선' 레이어를 추가해 주세요. 한 방향 집중선을 넣고 싶은 영역을 선택해 보겠습니다. 툴 바에서 자동선택 툴 🪄 (`W`)을 선택하고, `Shift`를 누른 채 배경 부분을 복수 선택해 보세요.

**18** 툴 바에서 브러시 툴 🖌 (`B`)을 선택합니다. 옵션 바에서 추가한 '한방향집중선'을 선택하고, 사이즈를 800px로 설정해 주세요. 그런 다음 컬러 피커 ■에서 검은색(#000000)으로 설정합니다. 그리고 선택 영역에 브러시를 찍어서 집중선을 만들어 줍니다.

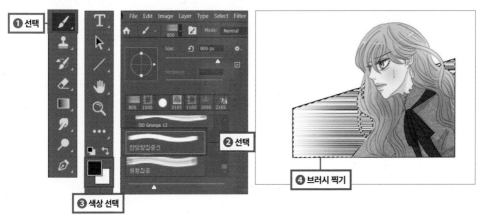

**19** Ctrl + D 를 눌러서 선택 해제를 해줍니다. 그리고 집중선을 좀 더 자연스럽게 연출하기 위해서 Opacity를 50%로 줄여주세요.

**20** 툴 바에서 브러시 툴 ✎ (B)을 선택합니다. 브러시 옵션 바에서 '원형집중선'을 선택하고, 원하는 컷 위에 브러시를 찍어주세요.

**21** 툴 바에서 사각형 선택 윤곽 툴 ▨ (M)을 선택하고, 집중선 주변을 드래그해서 선택해 주세요. Ctrl + T 를 눌러서 크기 조절 상태로 들어갑니다.

모서리를 드래그해 집중선을 컷에 맞춰서 크기를 조절해 주세요. 크기 조절을 완료했다면 Enter 를 누른 후 Ctrl + D 를 눌러서 선택 해제까지 해주세요.

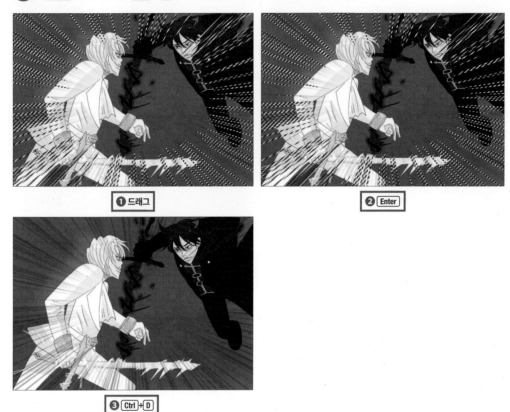

**❶** 드래그

**❷** Enter

**❸** Ctrl + D

▶예제파일 : PART 5/포토샵 채색 07.psd ▶완성파일 : PART 5/포토샵 채색 08.psd

# SECTION 04 | 말풍선 만들기부터 원고 저장까지

**01** 이제 말풍선을 만들고 대사를 입력하기 위해 '포토샵 채색 07.psd' 예제파일을 불러옵니다. **[Layers]** 패널에서 새 레이어 추가 ⊞ 버튼을 클릭해 '말풍선' 레이어를 추가합니다. 레이어 스타일 *fx.* 을 클릭해 'Stroke(선)'를 선택한 후 **[Layer Style]** 대화상자에서 아래의 옵션 값을 설정하고 OK를 클릭합니다.

〈Stroke 옵션 값〉
Size : 3px
Color : 검은색(#000000)

> **TIP** 레이어 스타일을 설정하면 해당 레이어에서 하는 모든 작업에 해당 효과가 자동으로 적용됩니다. 레이어 스타일을 Stroke로 설정하면 해당 레이어에서 그리는 모든 작업 주변에 선이 씌워집니다.

**02** [Layers] 패널에서 '말풍선' 레이어의 Opacity를 90%로 낮춥니다. 툴 바에서 원형 선택 툴 ◌을 선택한 후 말풍선이 들어갈 자리에서 드래그해 타원형 모양을 만듭니다. 컬러 피커 ◼에서 흰색(#ffffff)을 선택하고, [Alt]+[Delete]를 눌러 선택 영역에 흰색을 채웁니다. 레이어 스타일을 Stroke로 설정했기 때문에 채워진 흰색 원형 가장자리에 검은색 선이 그려집니다.

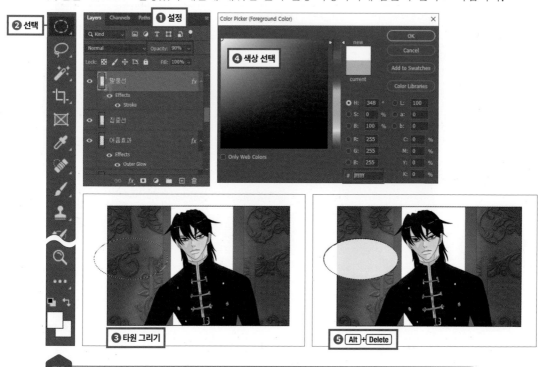

**TIP** 툴 바에서 사각형 선택 윤곽 툴을 꾹 누르거나 오른쪽 클릭하면 다양한 모양의 선택 툴 창이 뜹니다.

**03** [Ctrl]+[D]를 눌러 선택 영역을 해제한 후 툴 바에서 브러시 툴 ✎ (B)을 선택해 말풍선의 꼬리를 그립니다.

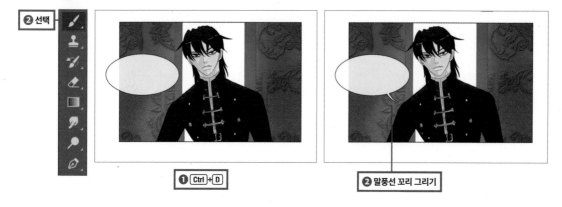

**04** 효과음 및 내레이션 박스도 만들어 보겠습니다. **[Layers]** 패널에서 새 레이어 추가 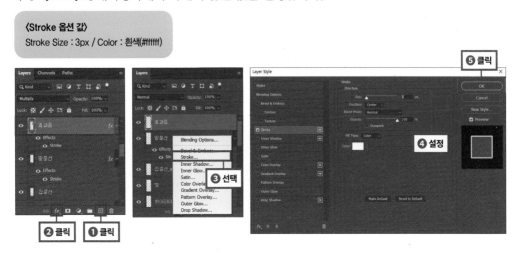 버튼을 클릭해 '효과음' 레이어를 추가합니다. 레이어 스타일 *fx.* 을 클릭해 'Stroke'를 선택한 후 **[Layer Style]** 대화상자에서 아래의 옵션 값을 설정합니다.

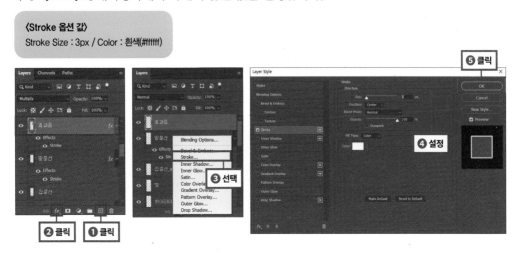

**05** 툴 바에서 사각형 선택 윤곽 툴 을 선택한 후 내레이션 박스를 넣을 부분에서 드래그합니다. 컬러 피커 에서 검은색(#000000)을 선택한 후 **Alt** + **Delete** 를 눌러 검은색으로 채웁니다. **Ctrl** + **D** 를 눌러 선택 해제합니다.

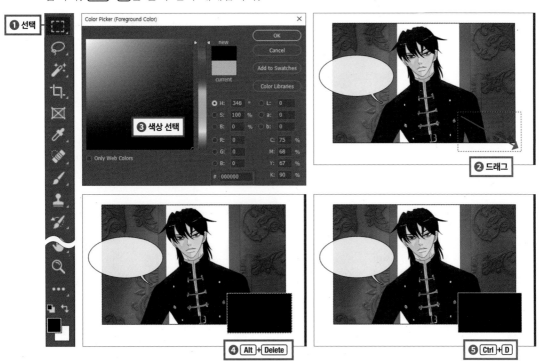

**06** 툴 바에서 브러시 툴 ✎ (**B**)을 선택하고, 배경에 효과음을 쓰면 흰색 테두리의 검은색 효
과음이 만들어집니다.

❶ 선택

❷ 효과음 넣기

**07** 마지막으로 대사를 입력하겠습니다. 툴 바에서 텍스트 툴 ▣ (**T**)을 선택하고, 말풍선 위
에서 커서를 클릭합니다. 옵션 바에서 폰트, 크기, 색상 등을 자유롭게 설정한 후 대사를
입력합니다. 툴 바에서 텍스트 툴 외에 아무 툴이나 클릭하면 텍스트 창이 완성됩니다.

❶ 선택

❸ 설정

❷ 클릭

❹ 입력

> **TIP**
>
> 포털 사이트에서 '무료 폰트'를 검색하면 상업
> 적으로 사용할 수 있는 다양한 폰트 파일들을
> 다운로드받을 수 있습니다.

**08** 툴 바에서 다시 텍스트 툴 ▣ (**T**)을 선택하고 내레이션 박스 위에 커서를 클릭합니다. 일
반 대사와 차이를 둘 수 있도록 폰트, 크기, 색상 등을 다르게 설정한 후 내레이션을 입력
합니다. 툴 바에서 아무 툴이나 클릭해 텍스트 창을 완성합니다.

❸ 설정

❶ 선택

❷ 클릭

❹ 입력

**09** 완성된 원고를 이미지로 저장해 보겠습니다. 메뉴 바에서 [File]−[Export]−[Save for Web (Legacy)]를 선택하면 [Save for Web] 대화상자가 나타납니다. Preset에서 파일 형식 (JPEG, PNG 등)을 선택할 수 있고, Image Size에서 자유롭게 이미지 너비와 높이를 설정할 수 있습니다. 원하는 방식으로 설정한 후 'Save'를 클릭합니다. 그런 다음 저장 위치와 파일 이름을 설정한 후 '저장'을 클릭해 이미지로 저장합니다.

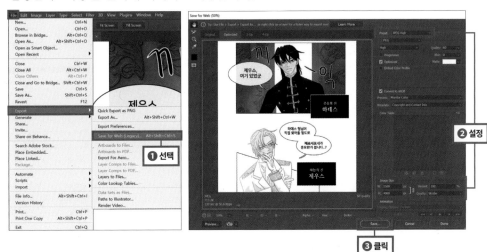

# PART
# 06

# 퀄리티 높이는
# 웹툰 배경 그리기

웹툰에서의 배경은 작업 난이도가 높은 것은 물론, 작업 시간이 가장 많이 걸리지만, 웹툰 스토리 진행과 전환을 설명할 수 있는 필수 장치입니다. 또한 독자들이 세세하게 보지는 않지만, 웹툰의 퀄리티를 결정할 정도로 작품의 전체적인 분위기에 많은 영향을 끼칩니다. 6파트에서는 웹툰에서 가장 많이 사용되는 배경들을 포토샵에서 다양한 방법을 활용해 그려보겠습니다.

# CHAPTER
# 01

# 활용도 높은
# 하늘 그리기

웹툰 장르를 불문하고 가장 많이 활용되는 배경은 하늘 배경입니다. 하늘 배경은 웹툰 원고 작업을 할 때 다양한 배경에 합성할 수 있어 그려두면 매우 유용하게 사용할 수 있습니다. 이번 장에서는 포토샵으로 시간대별로 낮, 노을, 밤하늘을 그려보겠습니다.

▶완성파일 : PART 6/CHAPTER 1/낮하늘.psd

# SECTION 01 | 낮하늘 그리기

**01** 웹툰 작업을 할 때 가장 많이 활용되는 시간대가 낮입니다. 낮 시간대의 맑은 하늘은 하늘이 푸르고, 하얀 구름과 밝은 태양이 떠 있는 것이 특징입니다. 그러면 낮 시간대의 맑은 하늘을 작업해 보겠습니다. 우선 하늘 배경을 만들기 위해 Ctrl+N을 누른 후 폭 1500pixel, 높이 1000pixel의 새 캔버스를 만듭니다.

**02** 낮의 푸른 하늘을 그리기 위해 [Layers] 패널에서 새 레이어 추가 ⊞ 버튼을 클릭해 '하늘' 레이어를 추가한 후 툴 바에서 그레이디언트 툴 ▣ 을 선택합니다. 옵션 바에서 그레이디언트를 클릭해 그레이디언트 편집기를 엽니다. 두 가지 색상으로 그레이디언트를 적용하기 위해 Basics에서 첫 번째 항목(Foreground to Background)을 선택합니다. 그런 다음 그레이디언트 컬러 바에 있는 각각의 화살표 ▣ 를 클릭해 색상을 지정해 주세요. 진한 하늘에서 연한 하늘색으로 설정한 후 옵션 바에서 Linear Gradient ▣ 를 클릭하고, 배경을 드래그해 파란색을 깔아줍니다.

〈배경 색상 코드〉 전경색 : R_90, G_186, B_255 / 배경색 : R_146, G_215, B_255

TIP
Linear Gradient를 선택하면 그레이디언트가 일자형으로 퍼지는 모양이 됩니다.

**03** 하늘 위에 구름을 그리기 위해 [Layers] 패널에서 새 레이어 추가⊞ 버튼을 클릭해 '구름' 레이어를 추가합니다. 툴 바에서 브러시 툴✎(B)을 선택하고, 브러시 옵션 바에서 'Dry Media Brushes'에 위치한 'KYLE Ultimate Pencil Hard'를 선택합니다. 그림처럼 흰 구름 형태를 우선 잡아줍니다.

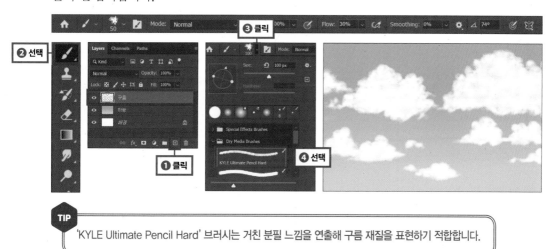

> **TIP**
> 'KYLE Ultimate Pencil Hard' 브러시는 거친 분필 느낌을 연출해 구름 재질을 표현하기 적합합니다.

**04** 이번에는 구름에 그림자를 표현하겠습니다. [Layers] 패널에서 새 레이어 추가⊞ 버튼을 클릭해 구름 레이어 위에 '그림자' 레이어를 추가하고 Ctrl+Alt+G를 눌러 '구름' 레이어에 클리핑시킵니다. 툴 바에서 브러시 툴✎(B)을 선택하고, 색을 푸른빛의 회색으로 설정한 후 그림과 같이 구름 아래에 그림자를 표현합니다.

〈배경 색상 코드〉 그림자 : R_215, G_215, B_233

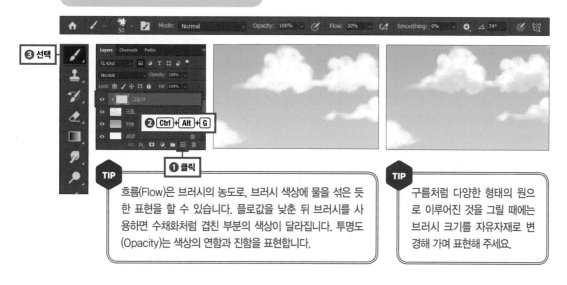

> **TIP**
> 흐름(Flow)은 브러시의 농도로, 브러시 색상에 물을 섞은 듯한 표현을 할 수 있습니다. 플로값을 낮춘 뒤 브러시를 사용하면 수채화처럼 겹친 부분의 색상이 달라집니다. 투명도(Opacity)는 색상의 연함과 진함을 표현합니다.

> **TIP**
> 구름처럼 다양한 형태의 원으로 이루어진 것을 그릴 때에는 브러시 크기를 자유자재로 변경해 가며 표현해 주세요.

**05** 구름 느낌을 더 효과적으로 표현해 보겠습니다. '구름' 레이어를 선택한 후 메뉴 바에서 [Filter]–[Blur]–[Gaussian Blur]를 선택합니다. [Gaussian Blur] 대화상자가 나타나면 반지름을 3pixel로 설정한 후 OK를 클릭합니다. '그림자' 레이어도 동일한 방식으로 블러 효과를 주세요.

**TIP**

[Gaussian Blur] 대화상자에서 Preview 박스를 체크하면 적용된 블러 효과를 미리보기 할 수 있습니다.

**06** 햇빛 효과를 적용하기 위해 [Layers] 패널에서 '하늘' 레이어를 선택한 후 메뉴 바에서 [Filter]–[Render]–[Lens Flare]를 선택합니다. [Lens Flare] 대화상자의 명도에서 햇빛의 위치와 햇빛의 크기를 원하는 만큼 조절한 후 OK를 클릭합니다.

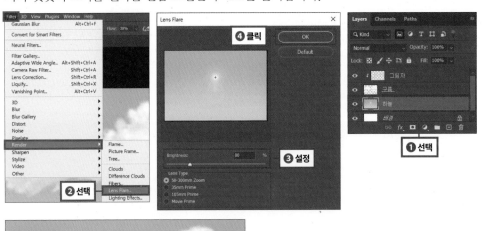

# SECTION 02 | 노을진 하늘 그리기

**01** 앞에서 작업한 낮하늘 파일을 응용해 노을 하늘로 변경해 보겠습니다. '낮하늘.psd' 예제 파일을 불러온 후 [Layers] 패널에서 '하늘' 레이어를 선택합니다. 툴 바에서 그레이디언트 툴■(G))을 선택하고, [Gradient Editor] 대화상자에서 색상을 노을에 맞게 바꾼 후 드래그해 그 레이디언트를 적용합니다.

〈배경 색상 코드〉전경색 : R_97, G_83, B_171 / 배경색 : R_240, G_137, B_81

**02** 구름 색도 노을에 맞게 변경하기 위해 [Layers] 패널에서 '구름' 레이어를 선택한 후 투명 픽셀 잠그기▨를 클릭해 구름만 변형이 적용되게 합니다. 그레이디언트 옵션 바에서 그 레이디언트를 클릭해 [Gradient Editor] 대화상자를 불러온 후 노을 하늘에 어울리는 노란색으로 구름 색상을 바꿔 적용합니다.

〈배경 색상 코드〉
전경색 : R_229, G_129, B_89
배경색 : R_255, G_226, B_169

**TIP**
노을 하늘에 어울리는 하늘 레이어는 전체적으로 하늘보다는 한 단계 연한 톤으로, 푸른 보라색에서 아래로 갈수록 붉은색으로 변하는 그레이디언트를 깔아주세요. 명암 레이어는 해가 지고 있는 노을을 표현하기 위해 아래서 위로 비치는 햇빛을 받는 노란색으로 색을 바꾸어주세요.

**03** 이번에는 해에 반사된 빛을 표현해 보겠습니다. '그림자' 레이어를 선택한 후 투명 픽셀 잠 그기 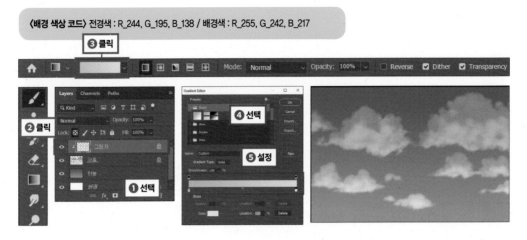를 클릭해 그림자 부분에만 변형이 적용되게 합니다. **[Gradient Editor]** 대화상자를 불러온 후 Presets의 Basics에서 첫 번째 항목을 선택하고, 노을 하늘에 어울리는 노란색으로 구름 색상을 바꿔 적용합니다.

〈배경 색상 코드〉 전경색 : R_244, G_195, B_138 / 배경색 : R_255, G_242, B_217

**04** 구름에 비친 노을빛을 자연스럽게 표현하겠습니다. 툴 바에서 브러시 툴 (**B**)을 선택하 고, 브러시 옵션 바에서 'Dry Media Brushes'에 위치한 'KYLE Ultimate Pencil Hard'를 선택합니다. 크기는 30, 'Flow'는 80%로 설정한 후 구름 아래로 테두리를 따라 그립니다.

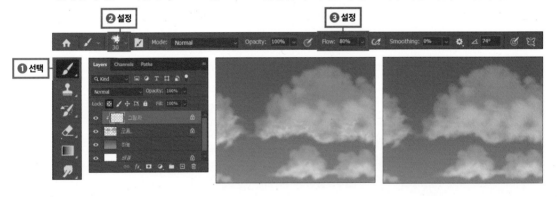

**05** 지는 해를 표현하기 위해 '하늘' 레이어를 선택한 후 메뉴 바에서 **[Filter]**-**[Render]**-**[Lens Flare]**를 선택해 **[Lens Flare]** 대화상자를 불러옵니다. 명도에서 햇빛의 위치와 햇빛의 크 기를 원하는 만큼 조절한 후 OK를 클릭합니다.

▶예제파일 : PART 6/CHAPTER 1/노을하늘.psd  ▶완성파일 : PART 6/CHAPTER 1/밤하늘.psd

# SECTION 03 | 밤하늘 그리기

**01** 앞에서 작업했던 노을 하늘에서 색 보정을 하고, 별과 달을 추가해서 밤하늘을 그려보겠습니다. 우선 '노을하늘.psd' 예제파일을 불러온 후 [Layers] 패널에서 '하늘' 레이어를 선택합니다. 툴 바에서 그레이디언트 툴 ▢(G)을 선택하고, [Gradient Editor] 대화상자에서 밤하늘에 어울리는 색상으로 바꿔줍니다. 그런 다음 화면을 드래그해 그레이디언트를 적용합니다.

〈배경 색상 코드〉
전경색 : R_13, G_8, B_49
배경색 : R_62, G_36, B_95

**TIP** 밤하늘을 표현하기 위해 하늘 레이어는 전체적으로 잿빛 남색에서 아래로 갈수록 보라색으로 변하는 그레이디언트를 깔아주세요.

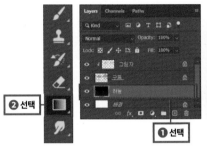

**02** 노을진 하늘 그리기 02번과 같은 방식으로 구름을 밤하늘과 잘 어우러지는 색상으로 바꾸겠습니다. [Layers] 패널에서 '구름' 레이어를 선택하고, 투명 픽셀 잠그기 ▨를 클릭합니다. 그레이디언트 옵션 바에서 그레이디언트를 클릭해 [Gradient Editor] 대화상자를 불러온 후 Presets의 Basics에서 첫 번째 항목을 선택하고, 구름에 어울리는 색상으로 변경합니다. 하늘 한가운데에 위치할 달의 위치를 고려해 그레이디언트 옵션 바에서 Radial Gradient ▨를 선택한 후 구름 이미지에 드래그해 적용합니다. 이때 그림자 레이어의 눈 모양 ◉을 클릭해 보이지 않게 하면 그레이디언트가 원하는 모양으로 잘 적용됐는지 확인하기가 더욱 쉽습니다.

〈배경 색상 코드〉 전경색 : R_13, G_8, B_49 / 배경색 : R_62, G_36, B_95

**03** 이번에는 그림자 색상을 바꿔보겠습니다. 우선 그림자 레이어의 눈 모양 을 다시 한 번 클릭해 보이게 합니다. 그레이디언트 옵션 바에서 그레이디언트를 클릭해 [Gradient Editor] 대화상자를 불러온 후 Presets의 Basics에서 첫 번째 항목을 선택하고, 구름에 어울리는 색상으로 변경합니다. 옵션 바에서 그레이디언트 모양을 Linear Gradient 로 설정한 후 화면을 드래그해서 그림자 색상을 적용해 주세요.

〈배경 색상 코드〉 전경색 : R_183, G_170, B_210 / 배경색 : R_250, G_246, B_255

**04** 이번에는 밤하늘에 보름달을 그릴 것입니다. [Layers] 패널에서 새 레이어 추가 버튼을 클릭해 하늘 레이어 위에 '달' 레이어를 추가한 후 Ctrl + Alt + G 를 눌러 아래에 있는 하늘 레이어에 클리핑합니다. 툴 바에서 브러시 툴 (B)을 선택하고, 'Special Effects Brushes'에 위치한 'General Brushes' 폴더 안의 'Soft Round'를 선택해 주세요. 브러시 옵션 바에 아래의 브러시 옵션 값을 설정한 후 그림과 같이 흰색 브러시로 보름달을 그립니다.

〈브러시 옵션 값〉 Size : 200px / Flow : 80% / Hardness : 80% / Color : 흰색

**05** 브러시 옵션 바에서 아래의 브러시 옵션 값을 설정한 후 브러시로 달 주변을 은은하게 비추는 빛을 그립니다.

〈브러시 옵션 값〉 Size : 200px / Opacity : 60% / Flow : 100% / Hardness : 20% / Color : 흰색

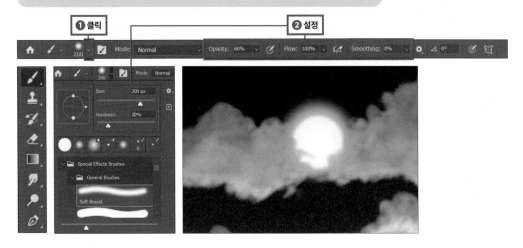

**06** 달 주변 구름에 환하게 비치는 달빛을 표현하겠습니다. [Layers] 패널에서 '구름' 레이어를 선택한 후 툴 바에서 브러시 툴 🖌을 선택합니다. 브러시 옵션 바에서 'Dry Media Brushes'에 위치한 'KYLE Ultimate Pencil Hard'를 선택하고, 아래의 옵션 값을 설정합니다. 그런 다음 달 주변에 있는 구름의 테두리를 따라 그립니다.

〈브러시 옵션 값〉 Size : 20px / Opacity : 90% / Flow : 50% / Color : 흰색

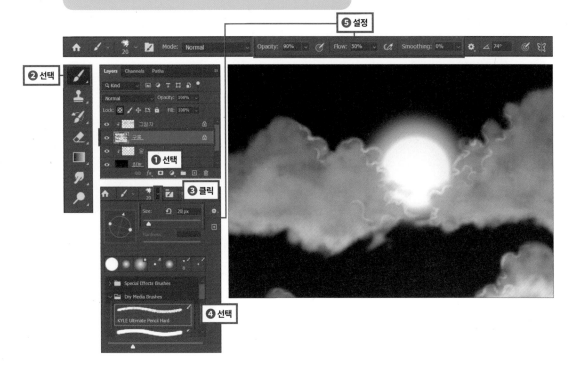

**07** 이번에는 별 브러시를 다운로드해 밤하늘에 별을 표현하겠습니다. 대표적인 해외 포토샵 브러시 사이트 중 다양한 무료 브러시를 다운로드할 수 있는 사이트인 myPhotoshopBrushes(https://myphotoshopbrushes.com/)에 접속합니다. 검색창에 'star'를 입력하고 'search'를 클릭하면 다양한 별 모양의 브러시를 찾을 수 있습니다.

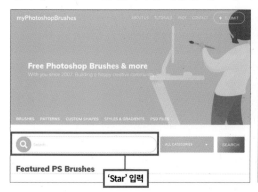

**08** 마음에 드는 브러시를 선택한 후 'DOWNLOAD'를 클릭해 다운로드합니다. 여기서는 Star Brushes Volume 1 브러시를 다운로드했습니다. 다운로드가 완료되면 아래 그림과 같이 압축 폴더가 저장됩니다. 압축을 푼 후 abr 형식의 브러시 파일을 더블클릭하면 브러시 설정 창에서 다운로드한 브러시가 등록된 것을 확인할 수 있습니다.

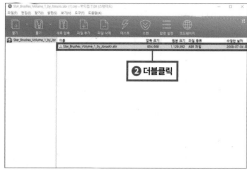

**09** '달' 레이어를 클릭하고 다운로드한 별 브러시 중에서 밤하늘에 어울리는 브러시를 여러 종류 사용하면서 하늘 위에 흰색 별들을 조화롭게 표현합니다.

❷ 선택

❶ 클릭

〈별 브러시〉
❶ 브러시 종류 : Star_11, Size_323px, Opacity_80%
❷ 브러시 종류 : Star_8, Size_433px, Opacity_80%
❸ 브러시 종류 : Star_2, Size_431px, Opacity_80%

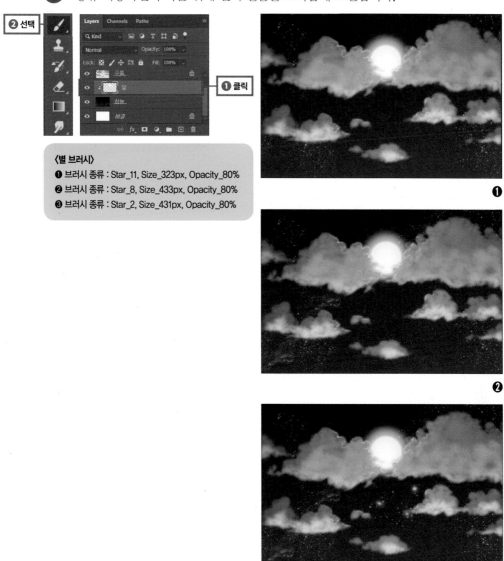

❶

❷

❸

# CHAPTER
# 02

# 사진으로 생동감
# 넘치는 배경 만들기

표현해야 할 것이 많아 작업 시간이 오래 걸리는 배경은 사진을 보정하는 방법을 이용하면 작업 시간 단축은 물론, 배경의 품질도 높일 수 있습니다. 하지만 자칫 잘못 보정하면 웹툰 그림체와 어울리지 않아 어색할 수 있습니다. 이번 장에서는 포토샵으로 2D 웹툰 그림체와 잘 어울리도록 자연스럽게 사진 보정하는 방법을 알아보겠습니다.

# 웹툰 배경에 쓰일 사진 다운로드하기

**01** 우선 웹툰 배경으로 사용할 이미지를 무료 이미지 사이트를 통해 검색해 보겠습니다. 언스플래시(https://unsplash.com/)에 접속한 후 검색창에서 'beach'를 검색하면 다양한 해변가 사진을 찾아볼 수 있습니다. 마음에 드는 사진을 선택한 후 'Download Free'를 클릭해 무료로 사진을 다운로드합니다.

 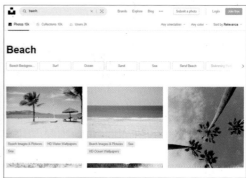

**TIP**

❶ 픽사베이 : 방대하고 다양한 사진들을 검색하기에 용이합니다.

❷ 언스플래시 : 고화질의 감각적인 사진들을 찾기 편하다는 특징이 있습니다.

각각의 특징을 고려해 자신에게 맞는 사이트를 이용해서 사진을 찾는 것을 추천합니다.

**02** 포토샵을 실행한 후 [File]-[Open]을 선택해 웹툰 배경으로 사용할 이미지를 불러옵니다.

선택

사진을 그림처럼 바꾸기 위해 필터 효과를 적용하려면 메뉴 바에서 **[Filter]−[Filter Gallery]**를 선택합니다.

**TIP**

필터 갤러리에는 사진에 입힐 수 있는 필터들이 Artistic, Texture 등 6가지 카테고리로 분류되어 있습니다. 이 중에서 Artistic 카테고리에서 사진을 그림처럼 보이게 변경하는 필터 효과들이 몇 가지 있습니다. 사진을 그대로 웹툰 배경으로 사용하기에는 이질감이 크기 때문에 2D 느낌으로 필터를 입혀야 합니다.

**04** 다양한 필터 효과를 줄 수 있는 갤러리 창이 나타납니다. 이 중 **[예술 효과]−[오려내기]**를 클릭하면 사진 색상의 경계선이 선명해지며 이미지다운 효과가 적용됩니다. 설정 항목에서 아래의 옵션 값을 설정한 후 OK를 클릭합니다.

〈Cutout 옵션 값〉
Number of Levels : 8
Edge Simplicity : 3
Edge Fidelity : 2

▶예제파일 : PART 6/CHAPTER 2/예제파일 1.psd, 예제파일 2.psd, 예제파일 3.psd

# SECTION 02 | 사진 윤곽선 작업 및 채색 보정하기

**01** 그림처럼 바꾼 이미지 위에 라인 선을 더해보겠습니다. 우선 [Layers] 패널에서 새 레이어 추가⊞ 버튼을 클릭해 선 따기 작업을 할 '선' 레이어를 추가합니다. 툴 바에서 브러시 툴 ✎(B)을 선택하고 필터가 적용된 이미지의 윤곽을 따라 선을 그립니다.

〈브러시 옵션 값〉
브러시 종류 : 선명한 원 압력 크기 / Size : 5px / Hardness : 100%
윤곽선 색상 코드 : R_0, G_0, B_0

**02** 아직 사진 느낌이 남아 있습니다. 그림처럼 색을 보정하기 위해 [Layers] 패널에서 새 레이어 추가⊞ 버튼을 클릭해 '채색' 레이어를 추가합니다. Alt를 눌러 스포이드 툴 ✐(I)로 변경한 후 주변 색을 클릭해 색을 통일감 있게 깔끔히 칠합니다. 우선 여러 색깔이 뒤섞여 지저분해 보이는 그늘막의 색을 보정하기 위해 가장 넓은 면적을 차지하는 색을 추출해 지저분한 부분을 덧칠하면서 정리합니다. 그늘막 위에 그늘지는 부분도 자연스럽게 채색해 주세요.

**TIP**
채색 과정에서 원하는 색을 추출할 때 툴 바에서 스포이드 툴을 선택한 후 다시 브러시 툴을 선택해 작업하기가
번거롭습니다. 이럴 때 [Alt]를 누르면 스포이드 툴로 변경되는데, 누른 상태에서 원하는 색을 추출해 작업할 수
있습니다.

**03** 흰색 브러시를 이용해 햇빛에 반사되는 부분을 채색해서 그늘막에 입체감을 주면서 마무
리합니다.

**04** 이번에는 모래를 깔끔하게 채색해 보겠습니다. [Alt]를 눌러 스포이드 툴 🖋로 변경한 후
모래색을 추출하고 브러시 툴 🖌로 모래를 채색합니다. 나무 아래 그림자 지는 부분도 추
출해 그늘을 선명하게 채색합니다.

**05** 이번에는 나무를 채색하겠습니다. [Alt]를 눌러 스포이드 툴 🖋로 변경한 후 나무의 밝은 초록색을 추출해서 Opacity 60%의 브러시 툴로 나무 밑색을 채웁니다.

**06** 같은 방법으로 나무 그림자를 표현하기 위해 어두운 부분을 추출한 후 나무 밑둥의 그림 자 지는 부분을 채색합니다.

**07** 바다를 채색하겠습니다. [Alt]를 눌러 스포이드 툴 ✎([I])로 변경한 후 바다의 밝은 부분을 추출합니다. 불투명도 15%, 흐름 30%의 브러시 툴 ✎([B])로 여러 번 덧씌우며 경계선을 희미하게 만듭니다. 바다의 어두운 부분도 마찬가지로 칠해주세요.

**08** 마지막으로 반사된 햇빛으로 반짝거리는 바다를 표현해 마무리합니다. 바닷속에 들어가 있는 사람 주변, 모래 경계선, 바다 중간중간을 흰 브러시로 빛을 표현합니다.

# CHAPTER
# 03

# 웹툰 원고에
# 배경 적용하기

포토샵에서 가장 많이 쓰이는 배경들 몇 개를 다양한 방식으로 그려보았습니다. 이번 장에서는 지금까지 그린 배경을 웹툰 원고에 적용하는 작업을 해보겠습니다.

# SECTION 01 | 사진을 활용해서 배경 그리기

**01** Ctrl+O를 눌러 'CHAPTER 3/예제파일 1.psd' 예제파일을 불러옵니다.

**02** 이미지를 이용해서 배경을 직접 그려보겠습니다. 무료 이미지 사이트인 언스플래시 (https://unsplash.com/)에서 'beach chair'를 검색해서 이미지를 다운로드합니다.

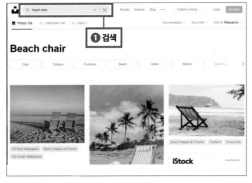

**03** 포토샵으로 돌아가서 Ctrl+O를 눌러 다운로드한 '해변.jpg' 파일을 불러옵니다. 툴 바에서 사각형 선택 윤곽 툴을 선택하고, 원고에 적용하고자 하는 부분만 드래그합니다. Ctrl+C를 눌러 복사한 후 작업하던 원고로 돌아가 Ctrl+V를 눌러 붙여넣습니다. 이미지를 넣으면서 생성된 레이어의 이름을 '파라솔'로 변경하고, 레이어 모드를 'Multiply'로 설정합니다.

**04** [Layers] 패널에서 '파라솔' 레이어를 선택하고, Ctrl+T를 눌러 원하는 칸에 맞는 사이즈로 확대합니다. 이미지를 밑바탕 삼아 콘티를 그리기 위해 이미지 레이어의 불투명도를 25%로 낮춘 후 파라솔과 의자를 따라 그립니다.

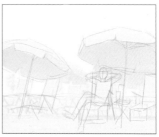

> **TIP** 브러시 색을 검은색이 아닌, 다른 색으로 선택하고, 브러시 크기는 적당한 것으로 선택해 작업합니다.

**05** 콘티를 완성한 후 콘티 레이어의 불투명도를 적당히 낮춘 다음 검은색 브러시로 선을 따 줍니다.

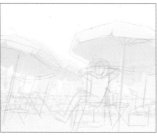

**06** [Layers] 패널에서 콘티와 파라솔 레이어의 눈 모양 👁 을 클릭해 레이어를 숨긴 후 피부, 옷, 머리카락, 해변 레이어에 각각 밑색을 깔끔하게 칠하고, 음영을 더해 입체적으로 표현합니다.

클릭

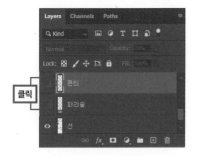

**07** 무료 포토샵 브러시 사이트인 myPhotoshopBrushes(https://myphotoshopbrushes. com/)에서 'palm tree'를 검색해서 다양한 모양의 야자나무 브러시를 다운로드합니다.

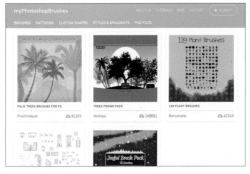

클릭

**08** [Layers] 패널에서 '해변' 레이어를 선택하고, 툴 바에서 자동선택 툴  을 선택합니다. Shift 를 누른 상태에서 하늘 부분을 모두 선택합니다. 옵션 바에서 브러시 부분을 클릭해 다운받은 'Horhews Trees Promo Pack'에서 여러 종류의 야자나무 브러시를 이용해서 하늘 배경에 나무들을 그립니다.

〈나무 브러시 옵션 값〉
❶ 종류 : Palmtrees–Coconut 브러시 / Size : 500px / 색상 : R_112, G_174, B_131
❷ 종류 : Palmtrees–Canary Date Palm 브러시 / Size : 433px / 색상 : R_84, G_124, B_96

**09** 메뉴 바에서 [Filter]–[Render]–[Lens Flare]를 선택합니다. [Lens Flare] 대화상자의 명도에서 햇빛의 위치와 햇빛의 크기를 원하는 만큼 조절한 후 OK를 클릭합니다.

▶예제파일 : PART 6/CHAPTER 3/예제파일 2.psd, 해변.jpg

# SECTION 02 | 이미지를 불러와 원고에 적용하기

**01** 이전에 만들어 둔 그림을 불러와 웹툰에 적용해 보겠습니다. Ctrl+O를 눌러 '해변.jpg.' 예제파일을 불러옵니다. 툴 바에서 사각형 선택 윤곽 툴 을 선택한 후 사진을 드래그합니다.

③ 선택

① 선택
② 클릭

**02** Ctrl+C를 눌러 사진을 복사한 후 원고 작업 창으로 돌아가 Ctrl+V를 눌러 웹툰 원고에 사진을 붙여넣습니다. 사진 크기를 칸에 맞게 조절하고, 사진을 붙이면서 생성된 레이어 이름은 '해변1'로 변경합니다.

② 이름 변경

① Ctrl+V

▶예제파일 : PART 6/CHAPTER 3/예제파일 3.psd, 예제파일 4.psd, 낮하늘.jpg
▶완성파일 : PART 6/CHAPTER 3/예제파일 5.psd

# SECTION 03 | 원고에 배경 합성하기

**01** 이번에는 앞에서 만든 하늘 배경을 원고에 적용해 보겠습니다. '예제파일 3.psd' 예제파일과 '낮하늘.jpg' 예제파일을 불러옵니다. '낮하늘.jpg' 예제파일에서 Ctrl + C 를 눌러 이미지를 복사하고 원고 작업 창으로 돌아와 Ctrl + V 를 눌러 붙여넣습니다. Ctrl + T 를 눌러 크기를 칸에 맞춰서 조절한 후 레이어 이름은 '해변'으로 변경하고 모드는 'Multiply'로 설정합니다.

④ 설정 · ③ 이름 변경

① Ctrl + C

② Ctrl + T

**02** [Layers] 패널에서 해변 레이어의 눈 모양 👁을 클릭해 배경을 보이지 않게 숨깁니다. 툴바에서 자동선택 툴 🪄을 선택한 후 캐릭터 외의 공백을 선택합니다.

② 선택 · ① 클릭

③ 공백 선택

**03** 영역이 선택된 상태에서 해변 레이어의 눈 모양 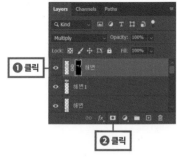 을 클릭해 배경을 보이게 한 후 레이어 패널 아래에 있는 레이어 마스크  를 클릭합니다.

**❶ 클릭**

**❷ 클릭**

**04** 더욱 입체적인 느낌을 표현하기 위해 바다에 물결 패턴을 추가하겠습니다. '예제파일 4.psd' 예제파일을 불러온 후 [Layers] 패널에서 새 레이어 추가 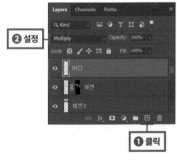 버튼을 클릭해 '바다' 레이어를 추가합니다. 레이어 모드를 'Multiply'로 설정해 밝은 하늘색으로 바다를 채색합니다.

**❷ 설정**

**❶ 클릭**

**05** '바다' 레이어 위에 '바다 패턴' 레이어를 추가하고, 바다 패턴 레이어를 선택한 상태에서 Ctrl+Alt+G를 눌러 바다 패턴 레이어를 아래의 바다 레이어에 클리핑합니다. 툴 바에서 페인트통 툴 을 선택하고, 옵션 바에서 전경색을 패턴으로 변경합니다. 패턴 메뉴의 화살표를 클릭해 패턴 목록에서 Water-Clear 패턴을 선택한 후 바다에 패턴을 적용합니다. 패턴이 바다와 어우러지도록 바다 패턴 레이어의 Fill을 50%로 줄입니다.

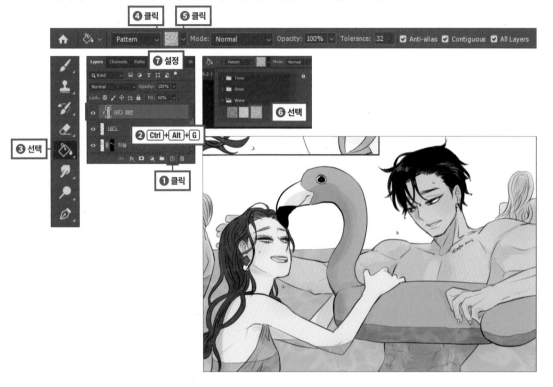

**06** [Layers] 패널에서 새 레이어 추가 버튼을 클릭해 '파도' 레이어를 추가한 후 캐릭터 주변에 생기는 잔물결을 흰 브러시로 표현합니다.

**07** 01~02번에서 적용한 하늘 이미지를 같은 방법으로 해당 컷에도 적용합니다. 해당 레이어 이름은 '하늘'로 변경합니다.

이름 변경

**08** 하늘 배경에 그레이디언트를 적용할 새로운 레이어를 추가합니다. 하늘 레이어 위에 새로운 레이어를 추가한 후 Ctrl+Alt+G를 눌러서 아래에 있는 하늘 레이어에 클리핑합니다. 그레이디언트 툴▧을 선택하고 **[Gradient Editor]** 대화상자를 불러온 후 Presets의 Basics에서 두 번째 항목을 선택합니다. 색상 옵션 값을 아래와 같이 설정하고 OK를 클릭한 후 위에서 아래 방향으로 드래그해 흰 그레이디언트를 적용합니다.

〈배경 색상 코드〉 전경색 : R_255, G_255, B_255

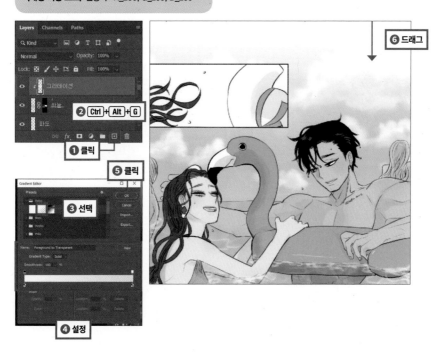

**6** 드래그

**2** Ctrl+Alt+G

**1** 클릭

**5** 클릭

**3** 선택

**4** 설정

**09** 배경까지 들어간 웹툰 원고가 완성되었습니다.

**TIP**

배경이 들어가면 웹툰이 훨씬 풍성해질 뿐만 아니라 원고 퀄리티를 많이 높여줍니다. 자주 등장하는 배경들의 경우 미리 사진 자료를 리서치해 놓으면 원고 작업이 수월해집니다.

# PART
# 07

# 실전!
# 장르별 웹툰 그리기

7파트에서는 앞에서 배운 것을 토대로, 일상툰, 액션물, 로맨스툰, 판타지에 이르기까지
각각의 웹툰 장르에 맞게 시놉시스 구성 방법부터 스케치, 채색, 말풍선 작업 등 실제 웹
툰 제작 방법을 직접 따라해 보며 익혀보겠습니다.

# CHAPTER
# 01

# 아이패드로 심플한
# SNS툰 그리기

아이패드는 가볍게 들고 다닐 수 있어 간단한 SNS툰을 그리기에 제격입니다. SNS의 특성상 호흡이 긴 이야기툰보다는 누구나 공감할 수 있는 소소한 일상 소재들이 대부분이죠. 일상툰에는 캐릭터를 2등신 또는 3등신으로 표현하는 귀여운 미니 캐릭터를 등장시키는데, 그림체가 간단한 만큼 이야기 전달이나 캐릭터들의 표정 묘사가 중요합니다. 이번 장에서는 누구나 시도해 볼 수 있는 간단한 SNS툰을 그려보겠습니다. 4컷 안에 기승전결을 담아 간결한 캐릭터와 깔끔한 채색법을 사용합니다.

**01** 아이패드의 메모장 어플에서 SNS툰의 소재를 간략하게 구상해 보겠습니다. 일상을 소재로 하는 만큼 이야깃거리들을 마인드맵으로 그려보았습니다. 이 중에서 일상툰을 그릴 때 중요하게 여기는 공감, 재미, 반전이 담긴 소재를 골라볼 거예요.

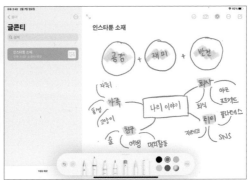

**02** 가족, 회사, 친구, 취미 등의 카테고리별로 소재들을 생각나는 대로 적어보겠습니다. 이 중에서 가족 에피소드 중 한 가지를 선택해서 콘티를 만들어 볼 예정인데, 나머지 아이디어들은 추후에 SNS툰의 한 화한 화를 이루는 소재가 될 것입니다.

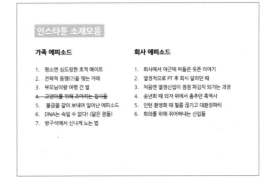

**03** 어떤 소재를 다룰지 정했다면 글 콘티를 정리할 차례입니다. 4컷 안에 임팩트 있게 이야기를 담아야 하므로 각 컷을 기승전결로 나누어보았습니다. 각 컷에 들어갈 상황과 캐릭터의 대사, 내레이션 등을 글로 정리합니다.

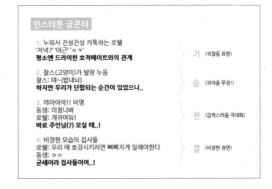

▶예제파일 : PART 7/CHAPTER 1/메디방 일상툰 01.mdp

# SECTION 02 | 캐릭터 비율을 신경 써서 러프 그리기

**01** 아이패드에서 메디방 페인트 어플을 실행합니다. 왼쪽 '그려보자' 카테고리의 '새로운 캔버스'를 선택한 후 '신규작성'을 선택합니다.

 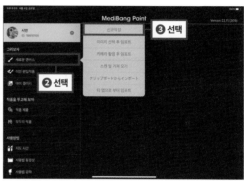

**02** 신규 작성 창이 나타나면 하단의 '만화원고'를 선택합니다. 아래의 옵션 값을 입력해 폭과 높이를 설정한 후 '완료'를 클릭합니다. 만화 원고용 캔버스가 생성되었습니다.

〈새 캔버스 옵션 값〉 외곽 : 폭_12cm, 높이_50cm / 내곽 : 폭_10cm, 높이_45cm

**03** 툴 바에서 프레임 툴 을 선택하면 '신규 칸 소재' 창이 나타납니다. 칸의 자동 분할에서 가로 분할 수를 '4'로 지정하고 '완료'를 클릭하면 네 개의 칸이 일정한 크기와 간격으로 생성됩니다.

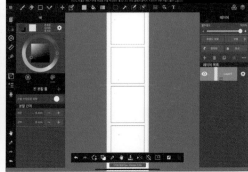

**04** 아이패드 스크린을 두 손가락으로 펼쳐 화면을 확대합니다. 레이어 패널에서 Layer1의 설정 ⚙을 클릭하면 레이어 설정 창이 나타납니다. 레이어 이름을 '칸'으로 입력합니다.

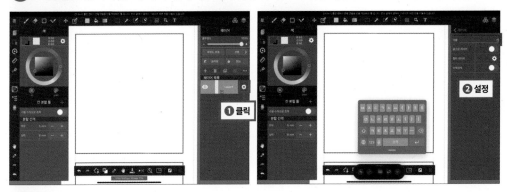

**TIP** 아이패드 스크린을 두 손가락으로 펼쳐서 화면을 확대할 수 있고, 두 손가락을 위아래로 드래그해 캔버스 위치를 옮길 수 있습니다.

**05** 레이어 패널에서 레이어 추가 ➕를 클릭해 '컬러 레이어'를 선택합니다. 레이어가 생성되면 레이어 설정 ⚙을 클릭해 이름을 '러프'라고 설정합니다.

**06** 툴 바에서 브러시 툴 ✏️을 선택한 후 화면 왼쪽에서 컬러 툴🎨과 도구 모음📋을 선택해 패널을 불러옵니다. 러프를 그리기 위해서 색은 파란색, 브러시는 '펜(페이드 인/아웃)'으로 선택합니다.

TIP 색 패널에서는 브러시의 색상을 설정할 수 있고, 도구 모음에서는 브러시의 종류를 선택할 수 있습니다.

**07** 브러시 '펜(페이드 인/아웃)' 옆의 설정 ⚙️을 클릭해 브러시 설정 창을 불러옵니다. 사이즈는 12px, 최소 폭은 66%로 설정합니다. 그림을 그릴 때 떨림 없이 깔끔하게 그릴 수 있도록 브러시 설정 창 아래의 '더보기'를 클릭한 후 '손떨림보정'을 '10'으로 설정합니다.

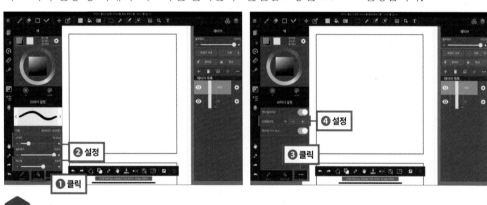

TIP 브러시 설정 아래의 브러시 펜 옆의 설정 ⚙️을 클릭해도 브러시 설정 창을 열 수 있습니다.

**08** 그림 그릴 때는 캔버스가 넓은 것이 편하므로 다시 컬러 툴🎨과 도구 모음📋을 클릭해 숨깁니다.

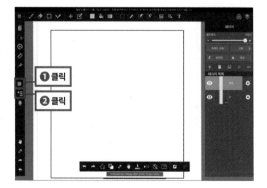

**09** 글 콘티를 기반으로 러프 스케치를 그리겠습니다. 일상툰은 매 컷 이야기의 전달력과 캐릭터의 표정 묘사에 신경을 써야 하는데요. 기승전결을 담은 글 콘티에 따라 컷별로 고조되는 감정 등을 표현합니다.

> **TIP**
> 여기서부터는 'PART 7/CHAPTER 1/메디방 일상툰 01.mdp' 예제파일을 불러와 따라해 보세요.

**10** 러프 스케치를 그리다 보니 이목구비의 위치를 조금 내려주고 싶습니다. 툴 바에서 선택펜 툴 🖋을 선택한 후 브러시 설정에서 사이즈를 30px 정도로 키웁니다. 그런 다음 선택펜 툴 🖋로 선택하고 싶은 영역을 칠해주세요.

**11** 선택 펜 툴 🖋로 칠한 영역이 선택됩니다. 툴 바에서 이동 툴 ✛을 선택하고, 선택된 영역을 아래로 드래그합니다. '선택해제'를 클릭하면 선택이 해제되며 캔버스로 돌아갑니다.

**12** 두 번째 컷의 러프에서는 캐릭터의 크기를 바꿔보겠습니다. 툴 바에서 선택 툴 ■을 선택한 후 크기를 조절하고 싶은 캐릭터 부분을 드래그합니다. 그런 다음 툴 바에서 변형 툴 🖼을 선택합니다.

**13** 변형 기능 창이 나타나면 모서리를 드래그해 선택된 캐릭터의 크기를 축소합니다. '완료'를 클릭해 캔버스로 돌아온 후 '선택해제'를 클릭합니다.

▶ 예제파일 : PART 7/CHAPTER 1/메디방 일상툰 02.mdp

## SECTION 03 | 깔끔하게 펜 선 따기

**01** '메디방 일상툰 02.mdp' 예제파일을 불러옵니다. 펜 선 따기 작업 전에 러프 스케치를 연하게 하기 위해 러프 레이어의 불투명도를 30% 정도로 낮춥니다.

**TIP** 러프 스케치가 연하게 보여야지 더욱 정확하게 그 위에 선을 딸 수 있습니다.

**02** 레이어 추가 ➕를 클릭해 '컬러 레이어'를 추가한 후 레이어 이름을 '펜선'으로 변경합니다.

**03** 툴 바에서 브러시 툴 🖉 을 선택한 후 화면 왼쪽에서 컬러 툴 🔲과 도구 모음 🔳을 선택해 패널을 불러옵니다. 색은 검은 색, 브러시 사이즈는 10px로 설정합니다.

**04** 컬러 툴■과 도구 모음▤을 닫아 작업
창을 넓게 한 후 러프 스케치를 기반으
로 깔끔하게 선을 그립니다. 세밀하게 작업
해야 하는 부분은 두 손가락으로 화면을 확대
하거나 축소해 작업합니다.

**TIP**
채색 시에 페인트를 부어줄 것이기 때문에 선과
선 사이에 공백이 없도록 작업합니다.

**05** 검은색으로만 선을 따면 캐릭터가 딱딱하고 경직된 느낌이 나기 때문에 부드럽게 선 처리
를 해보겠습니다. 우선 레이어 패널에서 레이어 추가➕를 클릭해 새로운 '컬러 레이어'를
추가합니다. 그런 다음 '클리핑'을 설정해 바로 아래에 있는 '펜선' 레이어에 클리핑합니다.

**TIP**
클리핑이란 아래 레이어의 영역 내에서만 작업이 적용되게 만드는 기능입니다. 즉, 펜선 레이어에 그린 부분에만
효과가 적용되는 것입니다.

**06** 화면 왼쪽에서 컬러 툴■과 도구 모음▤을 선택해 불러옵니다. 선을 땄던 색상보다 더 연
한 부드러운 적갈색으로 색상을 선택한 후 캐릭터의 이목구비를 칠하면 해당 선 색이 연
해집니다. 코피는 빨간색으로 칠합니다.

**TIP**
검은색으로만 선을 따면 캐릭터가 딱딱하고 경직된
느낌이 날 수 있어요. 이럴 때는 캐릭터의 눈이나
입, 눈물 같은 자잘한 부분을 연한 색상으로 칠하면
좀 더 부드러운 분위기를 연출할 수 있습니다.

마무리로 레이어 패널에서 '러프' 레이어의 눈 모양  을 클릭해 숨긴 후 선 따기 작업을
확인합니다.

클릭

 이렇게 깔끔하게 선 따기 작업이 완성되었습니다.

**TIP**

일상툰의 경우 그림체가 간단하고 색상도 많이 들
어가지 않기 때문에 선 따기 작업이 중요합니다.
선이 겹치지 않도록 최대한 한번에 선을 이어서 완
성해 보도록 노력해 보세요.

# SECTION 04 | 간결한 채색과 명암 표현하기

**01** '메디방 일상툰 03.mdp' 예제파일을 불러옵니다. 레이어 패널에서 레이어 추가➕를 클릭
해 '컬러 레이어'를 추가한 후 레이어 이름을 '컬러'로 변경합니다. 그런 다음 레이어 옵션
창에서 '보통'을 클릭한 후 '곱하기'를 선택합니다.

> **TIP**
> '곱하기' 레이어는 아래 레이어 위에 반투명 필름을 덧댄 것처럼 색상이 겹쳐지는 효과를 줍니다.

**02** 툴 바에서 페인트 툴🪣을 선택
한 후 화면 왼쪽에서 컬러 툴🖼
과 도구 모음📋을 선택합니다. 색은 캐
릭터의 피부색으로 설정하고, 버킷 툴
패널에서 꼼꼼하게 채색되도록 확장을
'3px', 틈 닫기를 '1'로 설정합니다.

**03** 채색하고 싶은 부분을 클릭해서 색을
부어주세요.

**04** 선으로 닫힌 부분이 아니라면 페인트를 부었을 때 색이 바깥으로 삐져나갑니다. 이때 선택 툴을 이용합니다. 툴 바에서 선택 툴■을 선택하고, 색을 칠하고 싶은 곳에 맞춰서 드래그합니다. 페인트 툴■을 선택한 후 채색하고 싶은 부분을 클릭합니다. 그런 다음 '선택해제'를 클릭해 선택을 해제합니다.

**05** 04번 과정을 반복해 옆의 캐릭터도 채색한 후 '선택해제'를 클릭합니다.

**06** 툴 바에서 브러시 툴■을 선택하고, 브러시 사이즈를 확대해서 몸 부분에 자연스럽게 색칠을 연결해 줍니다. 세밀한 작업을 위해 캔버스를 확대해 페인트 툴이 칠하지 못한 부분을 채웁니다. 눈과 눈동자도 브러시 툴로 채워주세요.

**07** 빛과 그림자를 표현하는 명암 작업으로 캐릭터를 더욱 생생하게 표현해 보겠습니다. 레이어 패널에서 레이어 추가 ➕를 클릭해 '컬러 레이어'를 선택한 후 이름을 '명암'으로 변경합니다. 레이어 설정에서 '보통'을 클릭한 후 '곱하기'로 설정합니다.

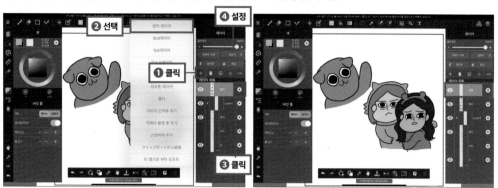

**08** 툴 바에서 브러시 툴 ✏️을 선택하고, 색상은 아주 연한 핑크색으로 설정합니다. 그런 다음 캐릭터가 빛을 받았을 때 그림자가 질 만한 부분에 명암을 표현해 주세요. 머리카락 밑, 콧볼 부분, 목 아랫부분을 칠하고, 일상툰에 맞게 표정을 극대화하기 위해 눈썹과 눈 사이에 큰 그림자도 그립니다.

**09** 이번에는 홍조를 표현해 캐릭터에 부드러운 인상을 주겠습니다. 레이어 패널에서 레이어 추가 ➕를 클릭해 '홍조' 컬러 레이어를 추가한 후 '보통'을 클릭하고 '곱하기'로 설정합니다.

**10** 캐릭터의 빰에 홍조를 표현해 보겠습니다. 이때 얼굴 밖으로 삐져나가지 않도록 얼굴 부분만 선택한 후 작업해 보겠습니다. 툴 바에서 자동선택 툴 🖊을 선택하고, 얼굴의 한 부분을 클릭합니다. 그런 다음 자동선택 툴 옵션 패널에서 '추가'를 클릭하고 얼굴 영역을 모두 선택합니다.

TIP
자동선택 툴의 옵션 패널에서 추가를 클릭하면 방금 선택한 부분에서 추가 선택 영역을 계속 설정할 수 있습니다.

**11** 툴 바에서 그라데이션 툴 ■을 선택하고, 색상은 연한 분홍색으로 설정합니다. 그라데이션 툴 패널에서 '원형', '전경'으로 선택한 후 양 빰에 드래그합니다. 그러면 원형 모양의 그라데이션 효과가 입혀집니다. 작업을 완료하면 캔버스 위의 '선택해제'를 클릭합니다.

**12** 마지막으로 캐릭터를 더 화사하게 만들어 줄 빛 반사를 표현해 보겠습니다. 레이어 패널에서 레이어 추가 ➕를 클릭한 후 '빛' 컬러 레이어를 추가합니다. 툴 바에서 브러시 툴 🖊을 선택하고, 그림과 같이 흰색으로 눈동자와 머리카락에 하이라이트를 표현해 줍니다.

# SECTION 05 | 말풍선과 대사 입력하기

**01** '메디방 일상툰 04.mdp' 예제파일을 불러옵니다. 말풍선을 그리기 위해 레이어 패널에서 '러프' 레이어의 눈 모양◉을 클릭해 러프 스케치를 보이게 합니다. 레이어 추가➕를 클릭한 후 '말풍선' 컬러 레이어를 추가합니다. 툴 바의 선택 툴▨을 선택하고, 선택 툴 패널에서 모양은 '원형', '추가'를 클릭합니다. 러프에서 그렸던 말풍선 모양 위에 둥근 선택 영역을 만듭니다.

**02** 선택 툴 패널에서 선택 모양을 자유 변형 모양으로 설정한 후 말풍선의 꼬리 모양을 그립니다. 컬러 툴에서 검은색으로 설정한 후 왼쪽에서 선택 메뉴▨를 선택해 '선택 경계 그리기'를 클릭합니다.

**03** 선택 경계 그리기 창이 나타나면 선의 굵기를 5px로 설정한 후 '완료'를 클릭합니다. 작업 창의 '선택해제'를 클릭하면 말풍선이 완성됩니다.

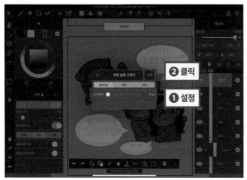

**04** 이번에는 메디방의 소재를 다운로드해 소리치는 말풍선을 만들겠습니다. 우선 레이어 패널에서 '러프' 레이어의 눈 모양 ⊙을 클릭해 러프 레이어를 가립니다.

**05** 화면 오른쪽 위의 소재 ♣를 클릭한 후 + 아이콘 ➕을 클릭해 '소재 다운로드'를 선택합니다.

**06** 소재 다운로드 창이 나타나면 화면 아래의 '아이템'을 클릭한 후 원하는 말풍선을 선택해 저장합니다.

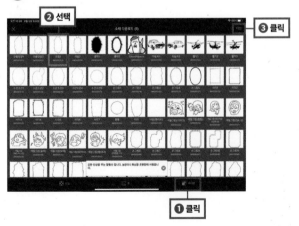

**07** 다운로드한 소재를 클릭해 캔버스로 불러온 후 칸 안에 들어가도록 꼭짓점을 드래그해 사이즈를 줄입니다. 소재 회전 툴을 선택한 상태에서 원하는 방향으로 드래그하면 말풍선이 회전됩니다. 같은 방법으로 두 번째 말풍선도 배치해 주세요.

**08** 툴 바에서 텍스트 툴을 선택한 후 대사를 입력합니다. 텍스트 툴 옵션 패널에서 아래의 옵션 값을 설정합니다.

〈텍스트 툴 옵션 값〉
폰트 : Noto Sans KR
Size : 말풍선 안에 들어가도록 적당한 크기
굵게 선택

**09** 마지막으로 각 컷 하단에 내레이션 멘트를 넣겠습니다. 툴 바에서 텍스트 툴을 활용해서 컷의 하단에 내레이션을 입력합니다.

▶예제파일 : PART 7/CHAPTER 1/메디방 일상툰 05.mdp

# SECTION 06 | SNS에 올리기 위한 원고 저장하기

**01** 지금까지 작업한 원고를 저장하겠습니다. 왼쪽 위의 옵션 아이콘 ☰ 을 클릭하고, '새로저장'을 선택합니다. '단말기에 새로저장'을 선택하면 메디방 파일이 아이패드에 저장됩니다.

**TIP**

'메디방 일상툰 05.mdp' 예제파일을 불러온 후 따라해도 됩니다.

**02** 이번에는 원고를 통 이미지 파일로 저장하겠습니다. 다시 한 번 옵션 아이콘 ☰ 을 클릭하고, 'png/jpg형식으로 엑스포트'를 선택합니다. 'JPEG'를 선택한 후 '이미지 저장'을 클릭하면 아이패드의 사진 앱에 원고가 이미지로 저장됩니다.

**03** 이번에는 SNS에 업로드하기 위해 각 컷별로 저장해 보겠습니다. 보통 인스타그램에서는 정사각형의 컷들을 여러 장 업로드해서 스와이프해 가면서 웹툰을 보는 형식이므로 컷별로 나누어 저장해야 합니다. 우선 툴 바에서 선택 툴 █을 선택하고 첫 번째 컷을 선택합니다. 왼쪽의 편집 메뉴 █를 클릭한 후 '트리밍'을 선택하면 선택 영역의 캔버스만 남습니다.

**04** 왼쪽 위의 옵션 아이콘 █을 클릭한 후 'png/jpg형식으로 엑스포트'를 선택합니다. JPEG를 선택한 후 '이미지 저장'을 클릭하면 첫 번째 컷이 저장됩니다.

**05** 다시 캔버스로 돌아가서 실행 취소 █로 트리밍 작업 이전으로 돌아간 후 각 컷마다 03~04번 따라하기를 반복해 저장합니다.

**06** 저장된 컷들은 앨범에서 카카오톡이나 드라이브를 통해 공유한 후 핸드폰에서 다운로드해 인스타그램에 업로드하면 됩니다. SNS툰의 각 컷이 이미지로 저장되었습니다.

**07** SNS에 웹툰을 올리기 위해 아이패드에서 핸드폰으로 이미지를 공유하겠습니다. 아이패드의 사진 어플에 들어가서 공유할 이미지들을 선택해 주세요. 그리고 왼쪽 하단의 공유아이콘을 클릭해서 카카오톡이나 드라이브를 통해 공유합니다.

공유된 이미지를 핸드폰에서 다운로드해 인스타그램 게시물로 업로드합니다.

# CHAPTER
# 02

# 아이패드로
# 화려한 판타지 그리기

판타지 웹툰에서는 상상력을 마음껏 발휘할 수 있고 그림으로 실현할 수 있습니다. 이번 장에서는 판타지 웹툰에서 동양적인 색깔을 표현하기 위해 화려한 패턴과 채색으로 판타지적인 느낌을 극대화해 보겠습니다. 또한 메디방 페인트만의 소재 기능을 활용해서 패턴 적용, 배경 작업도 배워보겠습니다.

아가씨.

?

그 말랑말랑한 귀를
한 번만 만져봐도 되겠소?

아가씨에게 감히
무례하게 굴다니..!

그 더러운 손을
당장 떼지 못할까!

더럽다니..

우리 집 나비가
생각나서 그만...

**01** 스토리의 흐름을 생각하면서 간단하게 각 컷의 상황을 글로 정리합니다.

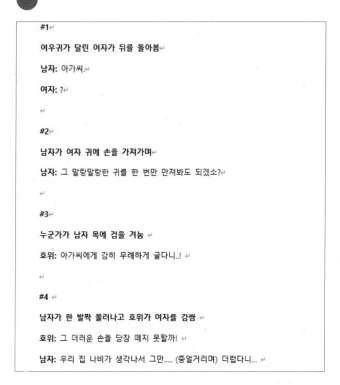

**02** 메디방 프로그램을 실행한 후 '마이 갤러리'에서 오른쪽 위의 '신규작성'을 클릭한 다음 '일러스트'를 선택합니다. 캔버스 설정 창에서 폭 1500px, 높이 4000px로 설정한 후 '완료'를 클릭해 원고 사이즈를 설정합니다.

미리 작성해 둔 시나리오를 참고해 컷의 구성과 캐릭터 구도를 러프하게 잡아 콘티를 완성합니다.

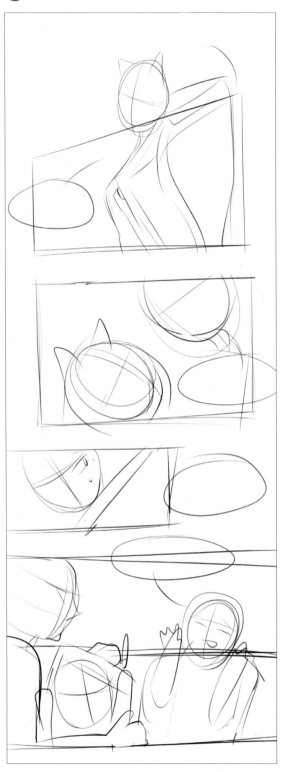

▶예제파일 : PART 7/CHAPTER 2/메디방실습예제 1.mdp, 메디방실습예제 2.mdp

# SECTION 02 | 칸 만들고 러프 스케치 그리기

**01** 완성한 콘티 위에 칸을 만들기 위해 '메디방실습예제 1.mdp' 예제파일을 불러옵니다. 콘티 레이어의 불투명도를 30%로 낮추고, 레이어 패널에서 레이어 추가 ➕를 클릭해 '칸' 컬러 레이어를 추가합니다.

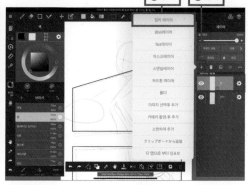

**02** 툴 바에서 프레임 툴 ▦을 선택하고, '신규 칸 소재' 창이 나타나면 칸의 자동 분할에서 가로 분할 수를 '4'로 지정하고 '완료'를 클릭합니다.

**03** 똑같은 크기로 생성된 네 개의 칸을 원하는 크기대로 바꾸겠습니다. 툴 바에서 작업 툴 ▨을 선택한 후 직사각형 영역의 꼭짓점을 드래그해 칸의 크기를 조절합니다.

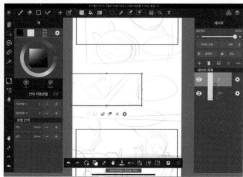

**04** 이번에는 칸의 모양을 대각선으로 잘라보겠습니다. 툴 바에서 프레임 툴 을 선택한 후 만들고자 하는 모양으로 드래그하면 드래그한 모양대로 칸이 나뉩니다.

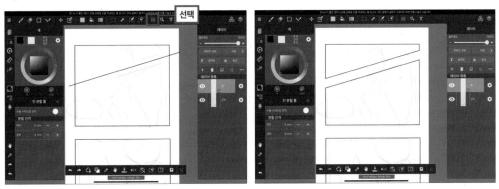

**05** 툴 바에서 작업 툴 을 선택하고, 위에 있는 칸을 선택하면 아래 메뉴 바가 나타납니다. 메뉴 바에서 '×'를 클릭해 칸을 삭제합니다.

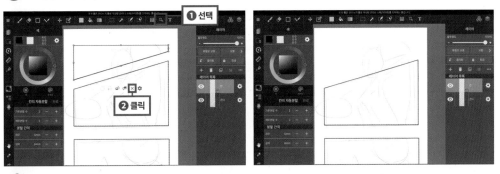

**TIP** 여기서부터는 PART 7/CHAPTER 2의 '메디방십습예제 2.mdp' 예제파일을 불러와 따라해 주세요.

**06** 캐릭터의 포즈를 구체적으로 표현하기 위해 러프 스케치를 해보겠습니다. 우선 레이어 패널에서 레이어 추가 를 클릭해 '러프' 컬러 레이어를 추가합니다. 색 패널에서 러프에 사용할 파란색을 선택하고, 기존에 작업한 콘티 위에 캐릭터의 눈, 코, 입 위치나 자세 등 디테일을 넣어 그립니다.

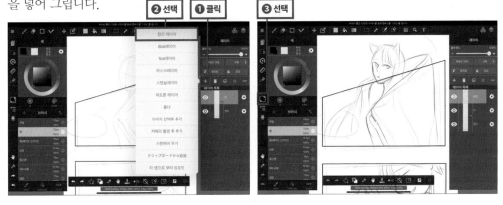

▶예제파일 : PART 7/CHAPTER 2/메디방실습예제 3.mdp, 메디방실습예제 4.mdp

## SECTION 03 | 선 따기 작업 후 밑색 채우기

**01** 이제 러프 스케치 위에서 캐릭터 선 따기 작업을 하겠습니다. '메디방실습예제 3' 예제파일을 불러옵니다. 레이어 패널에서 러프 레이어의 불투명도를 30%로 설정하고, 레이어 추가 ➕를 클릭해 '선' 컬러 레이어를 추가합니다.

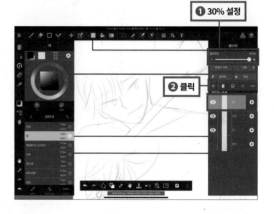

**02** 그런 다음 러프 스케치를 참고하면서 그 위에 선을 따줍니다. 스케치를 완성하고 난 후 레이어 패널에서 '러프' 레이어의 눈 모양 👁을 클릭해 숨깁니다.

**03** 레이어 추가 ➕를 클릭해 '칸' 레이어 위에 '칸2' 컬러 레이어를 추가합니다.

**04** 칸 밖으로 캐릭터가 튀어나와 선과 겹치는 부분은 흰 브러시를 이용해서 선을 지워주면 그림과 같이 깔끔하게 정리됩니다.

**05** 선 따기 작업을 완료했으면 이제 밑색을 채웁니다. 레이어 패널에서 레이어 추가 █ 를 클릭해 '피부' 컬러 레이어를 추가한 후 레이어 모드를 '곱하기'로 설정합니다. 툴 바에서 브러시 툴 ✎ 을 선택하고 '수채' 브러시를 선택합니다. 채색하기 적절한 크기로 조절한 후 밑색을 채웁니다.

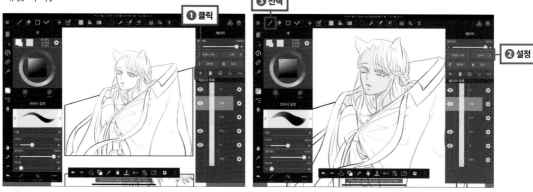

**TIP** 여기서부터는 PART 7/CHAPTER 2의 '메디방실습예제 4.mdp' 예제파일을 불러와 따라해 보세요.

**06** 차례대로 머리카락과 옷 레이어를 각각 만든 후 05번에서 피부를 채색한 것과 동일한 방식으로 채색합니다.

# SECTION 04 | 옷에 다양한 패턴 연출하기

**01** 캐릭터의 옷에 어울리는 패턴을 적용해 디테일을 더하기 위해 '메디방실습예제 5' 예제파일을 불러옵니다. 레이어 패널에서 레이어 추가➕를 클릭해 '옷' 레이어 위에 '옷패턴' 컬러 레이어를 추가합니다. 그런 다음 툴 바에서 자동선택 툴을 선택하고, 자동선택 툴 패널에서 '추가'를 선택해 패턴을 적용할 부분을 모두 클릭합니다.

> **TIP**
> 옷 레이어 위에 새로운 레이어를 추가하려면 '옷' 레이어를 우선 선택한 후 레이어 추가 작업을 합니다.

**02** 화면 오른쪽 위에서 소재를 클릭한 후 레이어 추가➕를 클릭하면 뜨는 메뉴 창에서 '소재 다운로드'를 선택합니다. 소재 창 아래에서 '톤'을 클릭한 후 옷 패턴에 어울리는 '학' 소재를 선택하고 '저장'을 클릭합니다.

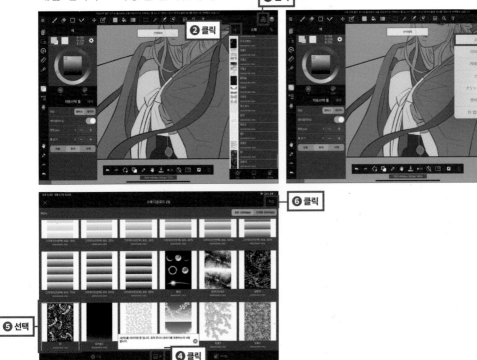

**03** 소재 창 아래에서 '톤'을 선택하고, 옷에 적용할 패턴을 찾아 선택하면 미리보기 창이 나타납니다. 소재의 크기와 각도를 원하는 형태로 조절한 후 '완료'를 클릭합니다.

**04** 패턴이 자연스럽게 이미지에 표현되도록 레이어 패널에서 불투명도를 적당히 조절합니다.

▶예제파일 : PART 7/CHAPTER 2/메디방실습예제 6.mdp

# SECTION 05 | 수채화식 채색으로 명암 표현하기

**01** 이전 단계에서 밑색 채색을 위해 만든 피부, 머리카락, 옷 레이어에 각각 클리핑 레이어를 만든 후 명암 채색 작업을 해보겠습니다. '수채(Wet)' 브러시를 이용해서 빛의 방향 또는 그늘지는 부분을 생각하면서 그림자를 표현해 주세요. 불투명도를 낮춘 상태에서 여러 번 덧칠 하면 수채화 느낌을 더욱 효과적으로 표현할 수 있습니다.

〈명암 색상 코드〉
피부 : R_253, G_223, B_217
옷 : R_226, G_226, B_226
머리카락 : R_226, G_226, B_226

〈피부〉

〈옷&머리카락〉

**02** 캐릭터의 얼굴을 더 화사하고 입체적으로 표현하기 위해 얼굴에 빛을 표현하겠습니다. '피부' 레이어를 선택하고 툴 바에서 브러시 툴 🖊을 선택한 후 '펜' 브러시를 선택합니다. 색 패널에서 흰색을 선택하고 얼굴 윤곽, 코 끝, 입술에 하이라이트를 표현합니다.

**03** 눈동자에 하이라이트를 넣어 명암 채색을 마무리합니다. 흰색 브러시로 눈동자에 반사되는 빛을 칠하고, 회색 브러시로 속눈썹 아래에 그늘지는 부분을 칠합니다.

**04** '선' 레이어 위에 '선2' 컬러 레이어를 추가한 후 클리핑을 클릭해 '선' 레이어에 클리핑시킵니다. 툴 바에서 그라데이션 툴 ⬛을 선택한 후 그라데이션 툴 패널에서 옵션을 '원형'으로 설정합니다. 색 패널에서 갈색 계열 색을 선택한 후 검은색으로 딴 선을 문질러 부드러운 색으로 바꿉니다.

**TIP** 선의 색깔을 선택할 때 부위별 색과 비슷한 계열로 칠해주면 캐릭터가 훨씬 입체적이고 부드러워 보입니다. 예를 들어, 캐릭터의 얼굴은 연한 갈색으로 칠하고, 은빛의 머리카락은 진한 회색, 파란 옷감은 짙은 푸른색으로 칠해주세요.

▶예제파일 : PART 7/CHAPTER 2/메디방실습예제 7.mdp

# SECTION 06 | 소재를 활용해서 숲 배경 그리기(1)

**01** 메디방 페인트의 소재를 활용해서 숲 배경을 그려보겠습니다. 우선 레이어 패널에서 레이어 추가 ➕를 클릭해 '배경' 컬러 레이어를 추가합니다. 그런 다음 툴 바에서 자동선택 툴 🪄을 선택하고 배경을 적용할 부분을 모두 선택합니다.

**TIP**
선택 툴 패널 아래에서 '추가' 옵션을 선택하면 여러 범위를 한번에 선택할 수 있습니다.

**02** 툴 바 오른쪽 위에 위치한 소재 🎨를 클릭해 소재 패널을 불러온 후 창 아래에서 '톤'을 클릭하면 배경에 적용할 만한 다양한 소재를 찾아볼 수 있습니다.

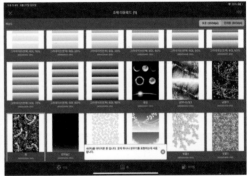

**TIP**
'소재 다운로드'에 들어가서 소재들을 미리 다운받아 두면 소재 패널에서 바로 선택해서 사용할 수 있습니다.

**03** 소재 메뉴에서 '나무1'을 선택하고 미리보기 창에서 원하는 각도와 크기를 조절한 후 '완료'를 클릭해 원고에 적용합니다.

**04** 원고에 적용된 숲 소재를 원하는 색으로 바꿔보겠습니다. 레이어 패널에서 레이어 추가 ➕를 클릭해 '배경' 레이어 위에 새로운 컬러 레이어를 추가한 후 클리핑을 선택해 '배경' 레이어에 클리핑합니다. 툴 바에서 그라데이션 툴 ■을 선택한 후 그라데이션 툴 패널에서 옵션을 '선형', '전경'으로 설정합니다.

**05** 색 패널에서 초록색을 선택한 후 화면을 드래그해 초록색으로 깔아줍니다.

**06** 이번에는 숲 뒤에 하늘 배경을 만들겠습니다. 레이어 패널에서 레이어 추가 ➕를 클릭해 '배경2' 컬러 레이어를 추가하고, '곱하기' 모드로 설정합니다. 01번에서 선택한 영역을 그 대로 유지한 상태에서 그라데이션 툴 패널에서 옵션을 '선형', '전경~배경'으로 변경합니다. 전 경색은 숲보다 밝은 초록색, 배경색은 하늘색으로 설정한 후 화면을 드래그해 색을 깔아줍니다.

**07** 툴 바에서 브러시 툴 ✏️을 선택하고 색 패널에서 흰색을 선택한 후 하늘에 구름을 그려넣 으면 배경이 완성됩니다.

▶예제파일 : PART 7/CHAPTER 2/메디방실습예제 8.mdp

# SECTION 07 | 소재를 활용해서 숲 배경 그리기(2)

**01** 이번에는 메디방 브러시를 이용해서 숲 배경을 그려보겠습니다. '메디방실습예제 8.mdp' 예제파일을 불러옵니다. 툴 바에서 브러시 툴 🖌을 선택하고 브러시 패널 왼쪽 위에서 브러시 추가 ➕를 클릭해 브러시 추가를 선택합니다. 메뉴에서 '단풍잎' 브러시를 선택하고 '저장'을 클릭합니다.

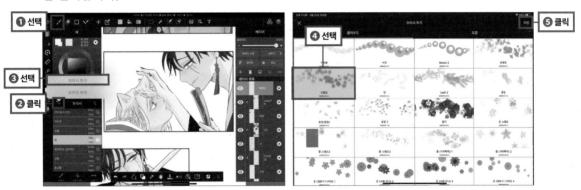

**02** 캐릭터 위에 나무 그늘을 그려서 마치 인물들이 숲속에 있는 것처럼 표현해 보겠습니다. 우선 브러시 설정에서 '펜' 브러시를 선택하고, 툴 바에서 펜 툴 🖊을 선택해 캐릭터들을 칠해주세요. 캐릭터들만 선택되었으면 이제 단풍잎 브러시를 다시 선택하고 회색 브러시로 캐릭터의 얼굴 윗부분을 적당히 칠해줍니다. 조금 더 자연스러운 그림자 표현을 위해 단풍잎 그림자의 테두리를 흰색 브러시로 칠해주세요.

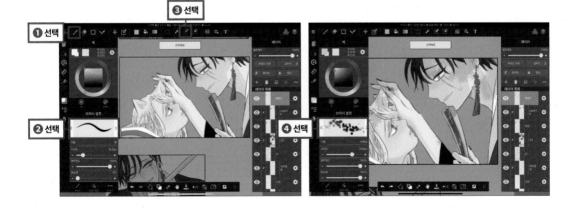

**03** 툴 바에서 자동선택 툴 🖌을 선택하고 인물을 제외한 배경을 모두 선택합니다. 그라데이션 툴 ◻을 선택한 후 그라데이션 툴 패널에서 '선형', '전경~배경'을 옵션으로 설정합니다. 색 패널에서 초록 계열 색을 선택한 후 아래 그림과 같이 배경을 깔아주세요.

**04** 01번과 같은 방법으로 '꽃잎2' 브러시를 다운로드합니다. 색 패널에서 진한 초록을 선택한 후 원고 위에 수풀을 그려넣습니다.

**05** 수풀을 더욱 풍성하게 만들어 보겠습니다. 색 패널에서 연한 초록색을 선택하고, 전 단계에서 그린 수풀 위를 살짝 덮어준다는 느낌으로 칠합니다. 이어서 진한 초록색으로 수풀의 밑부분을 덧칠해 주세요. 수풀 중간중간 나무줄기를 그려서 디테일을 더해줍니다.

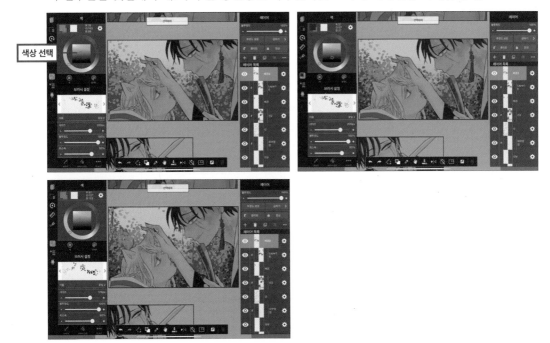

**06** 풀숲이 더 멀리 있는 느낌을 줌과 동시에 캐릭터에 더욱 포커스를 두기 위해 배경에 블러 효과를 적용해 보겠습니다. 레이어 패널 오른쪽의 레이어 설정▒▒을 클릭한 후 메뉴에서 '필터'를 선택합니다.

**07** 생성되는 레이어 필터 미리보기 창 아래에서 '가우시안 블러'를 선택한 후 옵션 값을 3으로 설정하고 '완료'를 클릭합니다.

**08** 마지막으로 숲 사이로 내리쬐는 햇빛을 표현해 보겠습니다. 레이어 패널에서 레이어 추가 ➕를 클릭해 '빛' 컬러 레이어를 추가한 후 클리핑을 클릭하고 '하드 라이트' 모드로 설정합니다.

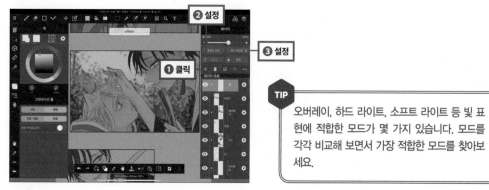

> **TIP**
>
> 오버레이, 하드 라이트, 소프트 라이트 등 빛 표현에 적합한 모드가 몇 가지 있습니다. 모드를 각각 비교해 보면서 가장 적합한 모드를 찾아보세요.

**09** 툴 바에서 그라데이션 툴 ◻을 선택한 후 색 패널에서 연한 노란색으로 설정합니다. 레이어의 불투명도를 60%로 낮춘 후 위에서 비치는 채광을 표현합니다.

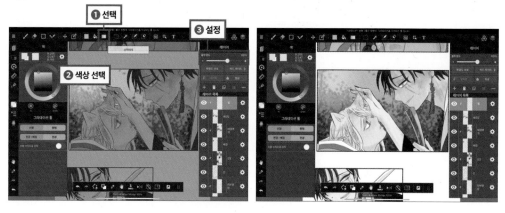

▶예제파일 : PART 7/CHAPTER 2/메디방실습예제 9.mdp

# SECTION 08 | 다양한 특수 효과 적용하기

**01** 역동적인 장면을 연출하기 위해 집중선을 적용해 보겠습니다. '메디방실습예제 9.mdp' 예제파일을 불러옵니다. 레이어 패널에서 레이어 추가 ✚를 클릭해 '집중선' 컬러 레이어를 추가합니다. 툴 바에서 선택 툴 ▦을 선택하고 사각형 모양으로 컷을 선택합니다.

**02** 레이어 패널에서 레이어 설정 ⋯을 클릭한 후 메뉴에서 '필터'를 선택합니다. 창 아래 메뉴에서 '유선'을 선택하고 칼이 움직이는 방향, 선 굵기, 밀도 등을 고려하며 옵션 값을 설정한 후 '완료'를 클릭합니다.

**03** 집중선이 그림과 잘 어우러지도록 레이어의 불투명도를 30%로 낮춥니다.

**04** 이번에는 소재에서 찾은 효과를 원고에 적용해 장면의 연출을 더욱 극대화시켜 보겠습니다. 툴 바에서 자동선택 툴 ✏️을 선택한 후 인물을 제외한 배경을 모두 선택합니다. 화면 오른쪽 위에 위치한 소재 🎛️를 클릭하고, 소재 다운로드를 선택한 후 '톤' 메뉴에서 장면의 상황과 어울리는 '번개' 소재를 찾아 적용합니다.

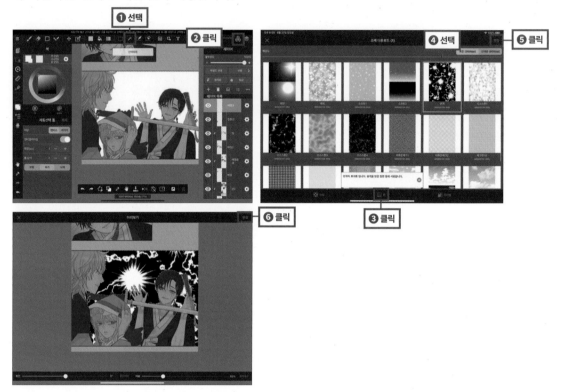

**05** 배경의 불투명도를 적절한 정도로 낮춰 마무리합니다.

▶예제파일 : PART 7/CHAPTER 2/메디방실습예제 10.mdp  ▶완성파일 : PART 7/CHAPTER 2/메디방실습예제 11.mdp

# SECTION 09 | 말풍선과 대사 입력하기

**01** 마지막으로 말풍선을 넣기 위해 '메디방실습예제 10.mdp' 예제파일을 불러옵니다. 우선 레이어 패널에서 레이어 추가 ➕를 클릭해 '말풍선' 컬러 레이어를 추가합니다. 툴 바에서 선택 툴 ▭을 선택하고 선택 툴 패널에서 모양을 '원형'으로 설정한 후 원하는 위치에 둥근 선택 영역을 만듭니다.

**02** 선택 툴 패널에서 모양을 자유 변형으로 설정한 후 말풍선의 둥근 선택 영역에 꼬리 모양을 그립니다. 툴 바에서 페인트 툴 🪣을 선택하고 색 패널에서 흰색을 선택한 후 말풍선을 클릭해 흰색을 입힙니다.

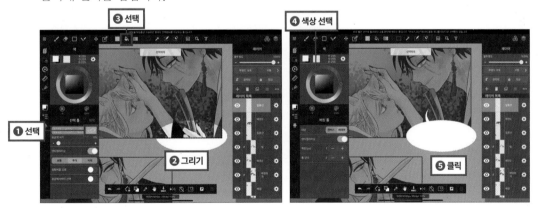

271

**03** 색 패널에서 검은색을 선택하고 화면 왼쪽의 선택 메뉴█를 클릭한 후 '선택 경계 그리기'를 선택합니다. 선택 경계 그리기 창이 나타나면 선의 굵기를 5px로 설정한 후 '완료'를 클릭해 말풍선 테두리를 완성합니다. 마지막으로 말풍선의 불투명도를 조절해 말풍선 뒤에 가려지는 장면을 반투명하게 비치게 만듭니다.

**04** 툴 바에서 텍스트 툴█을 선택하고 말풍선 안에 대사를 입력합니다. 텍스트 툴 패널에서 폰트는 'Noto Sans KR'로 설정하고, 글꼴이 말풍선의 크기에 맞게 크기를 설정합니다. 강조하고 싶은 대사는 패널 아래의 '굵게'를 적용해 완성합니다.

**05** 아이패드로 화려한 판타지 웹툰 그리기가 완성되었습니다.

**TIP**

메디방 페인트의 소재를 통해서 화려한 패턴뿐만 아니라 배경까지 간단하게 연출해 볼 수 있습니다. 메디방 페인트의 소재를 적극 활용해서 원고를 더욱 풍성하게 만들어 보세요.

273

# CHAPTER
# 03

# 포토샵으로 역동적인
# 액션물 그리기

웹툰의 스토리를 흥미진진하게 이끌기 위해 역동적인 액션 장면이 필요할 때가 있습니다. 역동적인 모습을 표현하기 위해서는 앵글의 구도가 중요합니다. 이번 장에서는 포토샵의 모션 블러, 집중선, 브러시 기능을 이용해 액션 장면을 더욱 생동감 넘치게 표현해 보겠습니다.

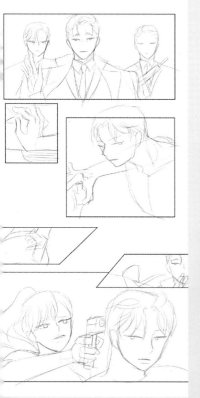

# SECTION 01 | 액션을 극대화해 줄 그림 콘티 구도 잡기

 머릿속으로 스토리의 대사와 장면을 상상하면서 글로 간략하게 정리합니다.

> #1
>
> 중년의 남자가 손짓으로 뒤에 있는 부하들을 저지하며
>
> 중년: 여전하군, 급한 성격은.
>
> #2,3
>
> 맨손으로 적의 머리를 과직!
>
> 군인: 당신한테 배운거지.
>
> #4,5,6
>
> 뒤에서 여자가 부하 한 명을 총으로 쏜 뒤 군인 뒤통수에 총 장전
>
> 여자: 거기 잠깐, 나도 끼워 달라구!

**02** 포토샵을 실행한 후 **[New Document]** 창에서 'Create New'를 클릭합니다. 아래의 옵션 값을 설정하고 'Create'를 클릭해 새 캔버스를 만듭니다.

**〈New Document 옵션 값〉**
Width : 1500px
Height : 3000px

**03** [Layers] 패널에서 새 레이어 추가 ⊞ 버튼을 클릭해 '콘티' 레이어를 추가합니다. 툴 바에서 브러시 툴 ✎ 을 선택하고 스토리의 흐름을 생각하면서 컷의 모양을 잡아주세요. 그런 다음 컷 안에 캐릭터의 구도를 러프하게 잡아 콘티를 완성합니다.

TIP
레이어 이름을 변경하려면 변경할 레이어를 더블클릭한 후 원하는 이름을 입력하면 됩니다.

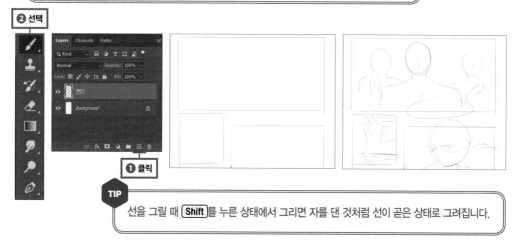

TIP
선을 그릴 때 **Shift** 를 누른 상태에서 그리면 자를 댄 것처럼 선이 곧은 상태로 그려집니다.

**04** 칸을 그리기 위해 우선 [Layers] 패널에서 콘티 레이어의 Opacity를 30%로 낮추고, 새 레이어 추가 ⊞ 버튼을 클릭해 '칸' 레이어를 추가합니다. 툴 바에서 사각형 선택 윤곽 툴 ▦ 을 선택하고 **Shift** 를 누른 상태로 콘티에서 그린 칸을 모두 선택합니다.

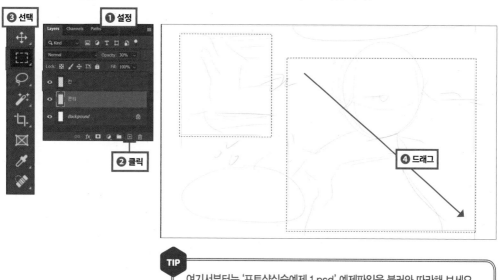

TIP
여기서부터는 '포토샵실습예제 1.psd' 예제파일을 불러와 따라해 보세요.

**05** 메뉴 바에서 [Edit]-[Stroke]를 선택하고 [Stroke] 대화상자가 나타나면 아래의 옵션 값을 설정합니다. OK를 클릭하면 칸이 완성됩니다.

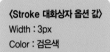

〈Stroke 대화상자 옵션 값〉
Width : 3px
Color : 검은색

**06** 이번에는 사각형 모양이 아닌 칸을 그려보겠습니다. 툴 바에서 선 툴🖊️을 선택하고, 아래의 옵션 값으로 입력해 주세요. 그리고 콘티를 따라 선을 그어주겠습니다. 시작점을 클릭한 후 선의 끝점을 클릭하고 **Enter**를 누르면 선이 하나 생깁니다. 다음 선도 같은 방법을 반복해 주세요.

〈선 옵션 값〉
설정 : Shape
Fill : 검은색
Stroke : Solid Color Weight : 3px

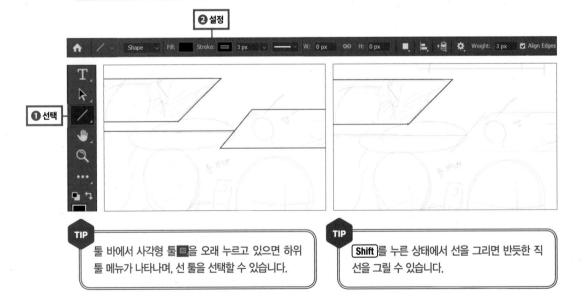

TIP
툴 바에서 사각형 툴🔲을 오래 누르고 있으면 하위 툴 메뉴가 나타나며, 선 툴을 선택할 수 있습니다.

TIP
**Shift**를 누른 상태에서 선을 그리면 반듯한 직선을 그릴 수 있습니다.

**07** 선이 생성될 때마다 Shape 레이어가 추가됩니다. 깔끔하게 정리할 수 있도록 [Shift]를 누르고 '칸' 레이어부터 마지막 Shape 레이어를 클릭해 복수 선택해 주세요. 그런 다음 마우스 오른쪽 버튼을 클릭해서 'Merge Layers'를 선택하면 레이어가 하나로 병합됩니다. 레이어를 다시 더블클릭해서 레이어 이름을 '칸'으로 바꿔주세요.

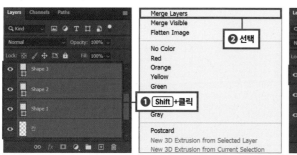

> **TIP**
> 레이어가 여러 개일수록 작업할 때 헷갈릴 수 있습니다. 하나의 레이어로 정리하고 싶다면 Merge Layers를 활용해서 레이어들을 모두 병합할 수 있습니다.

**08** 미리 그려둔 콘티를 밑그림 삼아 러프 스케치를 더 자세히 그려보겠습니다. [Layers] 패널에서 새 레이어 추가 ⊞ 버튼을 클릭해 '러프' 레이어를 추가합니다. 툴 바에서 브러시 툴 ✏️을 선택하고 컬러 피커에서 러프 스케치를 그릴 색으로 파란색(#000aa4)을 선택합니다. 러프 스케치 단계에서는 인물의 표정과 머리카락, 포즈 등 디테일을 더해 그립니다.

> **TIP**
> 포토샵 인터페이스의 오른쪽 컬러 패널에서 간단하게 색을 설정할 수 있습니다. 이 책에서 사용된 포토샵 버전은 21.2.8입니다. 만약 컬러 패널이 안 보인다면 메뉴 바에서 Window → Color(단축키 [F6])를 클릭합니다.

> **TIP**
> 원하는 색상의 컬러 코드 값을 안다면 툴 바에서 컬러 피커 🔲를 클릭해 주세요. [Color Picker] 창에서 '#'으로 표시된 칸에 직접 컬러 코드 값을 입력하면 해당 색상으로 설정됩니다.

▶예제파일 : PART 7/CHAPTER 3/포토샵실습예제 2.psd, 집중선.png, 평행선.png

# SECTION 02 | 깔끔하게 선 따고 집중선 삽입하기

**01** 캐릭터의 윤곽선을 작업하기 위해 '포토샵실습예제 2.psd' 예제파일을 불러옵니다.
[Layers] 패널에서 새 레이어 추가 ⊞ 버튼을 클릭해 '선' 레이어를 추가합니다. 툴 바에서
브러시 툴 ✎을 선택하고 컬러는 검은색으로 설정한 후 러프 스케치의 아웃라인을 따라 깔끔하
게 선을 그립니다. 선 따기를 완성했으면 [Layers] 패널에서 러프 레이어의 눈 모양 ◉을 클릭해
레이어를 숨깁니다.

**02** 역동적인 액션 장면을 더욱 효과적으로 표현하기 위
해 집중선을 넣어보겠습니다. Ctrl+O를 눌러 '집중
선.png' 파일을 불러옵니다. 툴 바에서 사각형 선택 윤곽 툴
▦을 선택하고 집중선을 드래그해 선택한 후 Ctrl+C를 눌러
복사합니다.

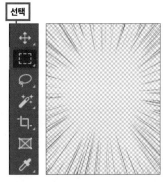

**03** 작업 창으로 돌아가 Ctrl+V를 눌러 붙여넣습니다. 새로운 레이어가 추가되면 해당 레이
어의 이름을 '집중선'으로 변경합니다. 그런 다음 Ctrl+T를 눌러 집중선을 칸에 맞게 적
당한 크기로 조절한 후 Enter를 눌러주세요.

**TIP** 집중선 크기를 줄일 때 Shift 를 누른 상태에서 크기
를 조절하면 형태를 자유자재로 변형할 수 있습니다.

**TIP** 여기서부터는 '포토샵실습예제 3.psd' 예제파
일을 불러와 따라해 보세요.

**04** 칸 밖까지 적용된 집중선을 지우고 원하는 부분에만 적용해 보겠습니다. 집중선 레이어의 눈 모양을 클릭해 레이어를 숨긴 후 툴 바에서 자동선택 툴을 선택합니다. Shift 를 누른 상태에서 집중선을 적용하려는 칸 내부를 모두 클릭해 선택합니다.

〈자동선택 툴 옵션 값〉
Tolerance : 0
Sample All Layers 체크

**TIP** 툴 바에서 오브젝트 선택 툴을 오래 누르고 있으면 하위 툴 메뉴가 나타나며, 자동선택 툴을 선택할 수 있습니다.

**05** 집중선 레이어의 눈 모양을 다시 클릭해 표시하고, [Layers] 패널 아래의 레이어 마스크를 클릭해 선택된 공간에 집중선을 클리핑시킵니다.

**06** 이번에는 한 방향으로만 뻗어 있는 평행선을 원고에 적용해 보겠습니다. Ctrl+O를 눌러 '평행선.png' 파일을 불러옵니다. 02~03번 단계를 반복해 평행선을 원고에 붙여넣은 후 해당 레이어의 이름을 '집중선2'로 변경합니다.

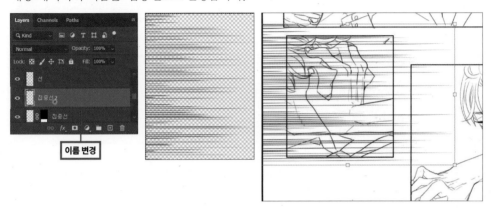

**07** 툴 바에서 사각형 선택 윤곽 툴을 선택하고 칸을 드래그해 선택합니다. [Layers] 패널 아래의 레이어 마스크를 클릭해 선택된 공간에 집중선을 클리핑시킵니다.

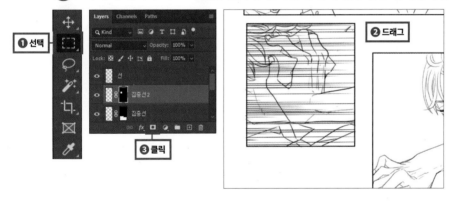

**08** 컷 가운데의 집중선을 지워주면서 자연스럽게 가장자리에만 집중선이 나타나도록 수정하겠습니다. [Layers] 패널에서 새 레이어 추가 버튼을 클릭해 집중선2 레이어 위에 '집중선2클리핑레이어'를 추가합니다. 마우스 오른쪽 버튼을 클릭해 'Create Clipping Mask'를 선택한 후 아래에 위치한 집중선2 레이어에 클리핑시킵니다.

**09** 흰색 그레이디언트를 입혀줄 것입니다. 우선 컬러 패널에서 흰색(#ffffff)을 설정해 주세요. 그런 다음 툴 바에서 그레이디언트 툴 을 선택하고 옵션 바의 색상 바를 클릭해 [Gradient Editor] 대화상자를 불러옵니다. Presets에서 Basics의 두 번째 항목(Foreground to Transparent)을 선택하고 OK를 클릭합니다. 반사형 그레이디언트를 선택한 후 컷의 중앙을 클릭해서 아래로 살짝 드래그합니다.

**10** 액션물의 스케치가 완성되었습니다.

> **TIP**
>
> 액션 신에선 움직임을 역동적으로 보여줘야 하기 때문에 콘티 단계에서 구도를 잡는 것에 신경 써야 합니다. 집중선을 활용해서 더욱 생동감 있는 액션을 연출할 수 있습니다.

▶예제파일 : PART 7/CHAPTER 3/포토샵실습예제 3.psd

# SECTION 03 | 포토샵에서 채색하기

**01** 이제 밑색을 입혀보겠습니다. '포토샵실습예제 3.psd' 예제파일을 불러온 후 **[Layers]** 패널에서 새 레이어 추가 버튼을 클릭해 칸 레이어 아래에 '피부' 레이어를 추가해 주세요. 컬러 패널에서 피부색(#fcf7f3)을 선택해 줍니다. 그런 다음 툴 바에서 브러시 툴을 이용해서 피부에 해당하는 부분을 채색합니다.

〈브러시 옵션 값〉
브러시 종류 : [Special Effect Brushes] – [General Brushes] – [Hard Round Pressure Size]
Size : 25px

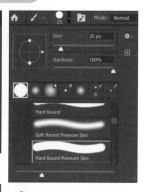

**TIP**
선 레이어보다 밑에 채색 레이어를 만들면 따로 레이어 모드를 'Multiply'로 하지 않아도 선을 넘지 않게 깔끔하게 채색이 됩니다.

**02** [Layers] 패널에서 새 레이어 추가 ⊞ 버튼을 클릭해 '머리', '옷' 레이어를 만들어 줍니다.
툴 바에서 브러시 툴 🖉을 이용해서 나머지 채색을 마무리해 주세요.

**03** 이번에는 명암을 표현하기 위해 [Layers] 패널에서 새 레이어 추가 ⊞ 버튼을 클릭해 '그림
자' 레이어를 추가합니다. 패널 가장 위에 배치한 후 레이어 모드를 'Multiply'로 설정합니
다. 툴 바에서 브러시 툴 🖉을 선택하고 회색(#cbcbcb)으로 설정한 후 빛의 방향과 그늘지는 부
분을 계산하면서 입체적으로 그림자를 표현합니다.

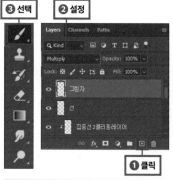 

**04** 반사되는 빛 효과를 넣어 그림을 더욱 입체적으로 표현해 보겠습니다. 해당 레이어에서 흰색 브러시를 이용해 머리카락, 눈동자, 피부에 반사되는 빛을 그려주세요. 툴 바에서 손 가락 툴 🖉을 선택한 후 그림자 경계를 부분부분 문지르면서 경계를 흐릿하게 만듭니다.

**TIP**
손가락 툴은 채색한 부분의 경계를 자연스럽게 번지게 해
줍니다. 스며드는 느낌을 연출하고 싶을 때 사용합니다.

▶예제파일 : PART 7/CHAPTER 3/포토샵실습예제 4.psd, 노을하늘.jpg

## SECTION 04 | 배경 삽입하기

**01** '포토샵실습예제 4.psd' 예제파일을 불러옵니다. 6파트에서 만든 하늘 배경을 원고에 적용하기 위해 [Ctrl]+[O]를 눌러 '노을하늘.jpg' 파일도 불러옵니다. 툴 바에서 사각형 선택 윤곽 툴 🔲 을 선택하고 합성하고 싶은 부분을 드래그한 후 [Ctrl]+[C]를 눌러 복사합니다.

❶ 선택

❷ 드래그, [Ctrl]+[C]

**02** 원고 파일로 돌아와 배경을 삽입할 컷에 [Ctrl]+[V]를 눌러 노을하늘 배경을 붙여넣은 후 [Ctrl]+[T]를 눌러 원고에 적당한 크기로 조절합니다. [Enter]를 누르고, [Layers] 패널에 추가된 Layer1 레이어 이름을 '노을'로 변경한 후 레이어 모드를 'Multiply'로 변경합니다.

❹ 설정

❸ 이름 변경

❶ [Ctrl]+[V]  ❷ [Ctrl]+[T], [Enter]

**TIP**
이미지의 크기를 자유자재로 조절하고 싶다면 [Ctrl]+[T]를 누른 상태에서 [Shift]를 누르고 조절해 주세요.

**03** 캐릭터 위로 겹치는 배경 부분을 지워보겠습니다. 우선 [Layers] 패널에서 노을 레이어의 눈 모양👁을 클릭해 노을 배경을 숨깁니다. 그런 다음 툴 바에서 자동선택 툴🪄을 선택한 후 배경을 적용하고자 하는 부분을 모두 클릭합니다.

**04** [Layers] 패널에서 노을 레이어의 눈 모양👁을 다시 클릭해 보이게 합니다. [Layers] 패널 아래에서 레이어 마스크▣를 클릭하면 선택 영역에만 노을 이미지가 들어가게 됩니다.

**05** 노을하늘에 햇빛을 더해보겠습니다. [Layers] 패널에서 노을 레이어의 오른쪽에 있는 검은색 마스크 레이어가 선택된 상태입니다. 왼쪽에 있는 노을 레이어를 클릭합니다. 그런 다음 메뉴 바에서 [Filter]–[Render]–[Lens Flare]를 선택해 [Lens Flare] 대화상자를 불러온 후 명도에서 햇빛의 위치와 크기를 원하는 만큼 조절한 다음 OK를 클릭합니다.

**06** 원고에 배경 삽입이 완성되었습니다.

TIP 하늘 배경을 만들어 두면 여러 컷에 활용도가
좋습니다. 컷이 허전해 보인다면 다양한 하늘
컷을 삽입해 보세요.

# SECTION 05 | 다양한 특수 효과 연출하기

**01** '포토샵실습예제 5.psd' 예제파일을 불러옵니다. 적과 싸우는 장면에서 모션 블러를 이용해 손이 빠른 속도로 움직이는 표현을 해보겠습니다. 우선 윤곽선을 그렸던 '선' 레이어를 선택합니다. 툴 바에서 올가미 툴 🔾을 선택하고 Shift 를 누른 상태에서 움직임을 표현하려는 부분을 드래그해 모두 선택합니다.

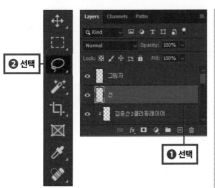

**02** 메뉴 바에서 [Filter]-[Blur]-[Motion Blur]를 선택해 [Motion Blur] 대화상자를 불러옵니다. 손을 움직이는 방향과 같은 각도로 설정하고 블러의 강도를 적절하게 맞춘 후 OK를 클릭합니다.

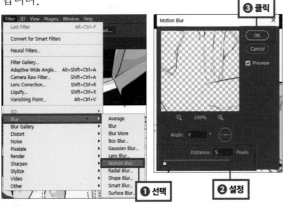

> **TIP**
> [Motion Blur] 대화상자에서 Preview를 체크하면 적용된 블러 효과를 캔버스에서 바로 볼 수 있습니다. 강도를 조절하면서 가장 적당한 정도를 찾아보세요.

**03** 피 튀기는 효과를 주어 전투 신을 더욱 역동적인 느낌으로 표현해 보겠습니다. **[Layers]** 패널에서 새 레이어 추가 ⊞ 버튼을 클릭해 '배경' 레이어를 추가합니다. 툴 바에서 브러시 툴 ✍ 을 선택하고 옵션 바에서 'Special Effects Brushes' 하위에 있는 'Kyle's Spatter Brushes−Spatter Bot Tilt'를 선택하고 아래의 옵션 값을 설정합니다. 그런 다음 컬러 피커에서 진한 붉은색(#801719)을 선택하고 원고에 피를 적절히 그려줍니다.

〈브러시 옵션 값〉
Size : 100px

**04** 메뉴 바에서 **[Filter]−[Blur]−[Motion Blur]**를 선택해 **[Motion Blur]** 대화상자를 불러옵니다. 피가 튀기는 방향을 생각하며 옵션 값을 아래와 같이 설정하고 OK를 클릭합니다. 툴 바에서 지우개 툴 ✍ 을 선택해서 핏방울이 더 자연스럽게 튀기게 만듭니다.

〈Motion Blur 옵션 값〉
Angle : 0˚
Distance : 5px

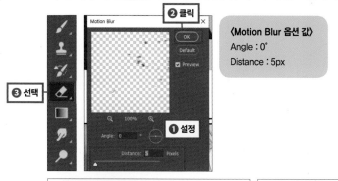

**05** 노을지는 하늘에 반사되는 채광을 연출해 보겠습니다. 우선 **[Layers]** 패널에서 새 레이어 추가⊞ 버튼을 클릭해 '빛' 레이어를 추가한 후 레이어 모드를 'Pin Light'로 설정합니다. 툴 바에서 그레이디언트 툴▣을 선택하고 옵션 바에서 원형 그레이디언트를 선택합니다. 컬러 피커에서 전경색을 연한 주황색(#ffd8cd)으로 설정한 후 노을빛이 비치는 방향으로 드래그해 채광 효과를 적용합니다.

**06** 마지막으로 담배 연기를 표현해 보겠습니다. **[Layers]** 패널에서 배경 레이어를 선택한 후 툴 바에서 브러시 툴▨을 선택합니다. 브러시 옵션 바에서 'Soft Round Pressure Size'를 선택하고 컬러 피커에서 연한 회색(#dddddd)으로 설정한 후 담배 위로 피어오르는 연기 모양 을 그립니다.

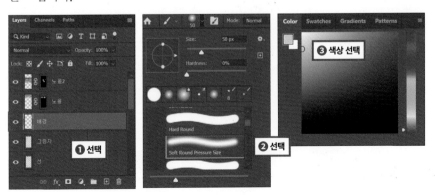

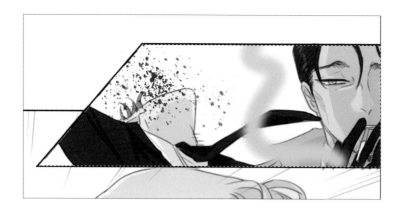

**07** 그런 다음 브러시 옵션 바에서 'Kyle's Concept Brushes—All Purpose Blend (Smudge Tool)'을 선택하고 전 단계에서 그린 연기를 브러시로 문지르면서 뿌연 연기 질감을 표현합니다.

▶예제파일 : PART 7/CHAPTER 3/포토샵실습예제 6.psd ▶완성파일 : PART 7/CHAPTER 3/포토샵실습예제 7.psd

# SECTION 06 | 말풍선과 효과음 만들기

**01** 말풍선을 넣기 위해 '포토샵실습예제 6.psd' 예제파일을 불러옵니다. **[Layers]** 패널에서 새 레이어 추가 버튼을 클릭해 '말풍선' 레이어를 추가합니다. 패널 아래에서 레이어 스타일 *fx.*을 클릭하고 'Stroke'를 선택합니다. **[Layer Style]** 대화상자가 나타나면 아래의 옵션 값을 설정하고 OK를 클릭합니다.

〈Stroke 옵션 값〉
Size : 3px
Position : Outside
Color : 검은색

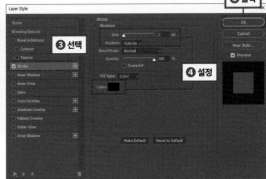

**02** 툴 바에서 원형 선택 툴을 선택하고 원하는 위치에 원형 말풍선을 그립니다. 색상은 흰색(#ffffff)으로 설정한 후 Alt + Delete 를 누르면 흰색이 채워집니다. 브러시 툴을 이용해서 말풍선 꼬리를 그려 말풍선을 완성해 줍니다.

**03** 툴 바에서 텍스트 툴 을 선택하고 말풍선 위에 대사를 입력합니다.

**〈텍스트 옵션 값〉**
Font : Adobe Gothic Std
Size : 11pt / Type : Sharp
Color : 검은색

**04** 효과음 작업을 위해 **[Layers]** 패널에서 새 레이어 추가 버튼을 클릭해 '효과음' 레이어를 추가합니다. 다시 한 번 레이어 스타일 *fx.* 의 'Stroke'를 선택해 줍니다. 그런 다음 툴 바에서 브러시 툴 을 선택하고, 색상을 검은색(#000000)으로 설정한 후 효과음을 써주세요.

**〈Stroke 옵션 값〉**
Size : 3px
Position : Outside
Color : 흰색

**05** 마지막으로 완성된 원고를 jpg 파일로 저장해 보겠습니다. 메뉴 바에서 **[File]**–**[Export]**– **[Save for Web(Legacy)]**를 선택합니다. **[Save for Web]** 창의 Preset에서 파일의 형식 및 크 기를 원하는 형식대로 설정한 후 'Save'를 클릭한 후 저장 위치를 설정하고 '저장'을 클릭합니다. 여기서는 JPEG High를 선택했습니다.

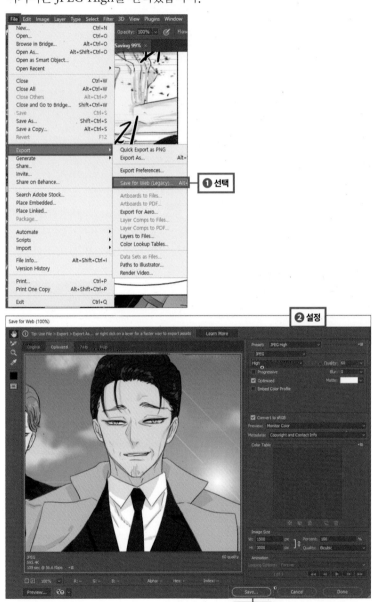

**296**

06 포토샵으로 역동적인 액션물 그리기가 완성되었습니다.

# CHAPTER
# 04

# 3D 배경으로 실감나는 오피스툰 그리기

최근엔 복잡한 배경들을 일일이 그리는 데 시간을 들이기보다는 3D 배경 모델을 활용하는 경우가 많습니다. 보통 구글 트림블사의 '스케치업'을 활용합니다. 스케치업은 3D 모델링 프로그램으로, 쉽게 2D에서 3D로 공간을 표현할 수 있습니다. 스케치업에서 제작한 3D 모델을 만들어 놓으면 다양한 카메라 앵글을 통해 2D로 배경 이미지를 내보내서 웹툰 원고에 적용할 수 있습니다. 매주 마감해야 하는 웹툰 원고 작업 시간을 단축할 수 있는 장점이 있어 많은 웹툰 작가들이 3D 배경을 제작하거나 구매해서 활용합니다. 이번 장에서는 스케치업 3D 배경을 구매해서 웹툰 원고에 적용하는 방법을 배워보겠습니다.

## SECTION 01 | 스케치업에서 3D 배경 구도 잡기

**01** 우선 스케치업 3D 배경 모델을 구매해서 다운로드하겠습니다. 다양한 3D 모델을 판매하는 에이콘3D(https://www.ACON 3D.com/)에 접속한 후 원하는 배경 소스를 검색합니다. 여기서는 오피스물이 배경이므로 '회의실'로 검색하고 마음에 드는 모델을 구매해 파일을 다운로드합니다.

※출처 : 에이콘3D의 철1285님 작품

> **TIP**
> 스케치업의 툴을 익히면 간단한 배경 정도는 만들 수 있지만, 정교하고 퀄리티가 높은 배경을 원한다면 구매하는 것을 추천합니다. 전문적으로 웹툰을 위한 3D 배경을 제작하는 분들이 소스들을 업로드하는 사이트들이 있으니 필요한 배경을 검색해 보세요.

**02** 다운로드한 3D 모델을 보기 위해 '스케치업' 프로그램을 설치하겠습니다. 포털 사이트에서 '스케치업'을 검색하고 트림블사의 스케치업 사이트(https://www.sketchup.com/ko/products/all)에 접속하겠습니다. 다양한 플랜 및 가격을 확인할 수 있으나, 처음에 30일 무료 체험이 가능합니다. 안내하는 순서대로 따라해 스케치업 무료 평가판을 다운로드합니다.

**03** 01번에서 다운로드한 스케치업 파일(.skp)을 실행하면 스케치업 프로그램에서 회의실 모델이 열립니다. 스케치업에서 모델을 수정하거나 제작하지는 않고, 세 가지 툴만 활용해서 원하는 장면을 찾아보겠습니다.

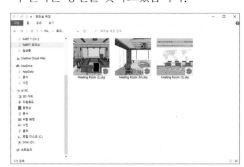

## 〈핸드 툴 🖑〉

**04** 툴 바에서 핸드 툴 🖑을 선택한 후 화면을 드래그하면 카메라를 상하·좌우로 옮길 수 있습니다. 배경에서 원하는 위치로 자유자재로 옮길 수 있습니다.

TIP

핸드 툴 단축키 : **H**

## 〈궤도 툴 ✥〉

**05** 툴 바에서 궤도 툴 ✥을 선택한 후 화면을 드래그하면 카메라의 각도를 360도 회전할 수 있습니다. 위에서 내려다보는 각도, 아래에서 위를 올려다보는 각도 등 다양한 각도를 연출할 수 있습니다.

TIP

궤도 툴 단축키 : '마우스 휠 클릭'+원하는 화면 방향으로 마우스 커서 옮기기

### 〈돋보기 툴 🔍〉

**06** 툴 바에서 돋보기 툴 🔍을 선택한 후 아래에서 위로 드래그하면 확대, 위에서 아래로 드래 그하면 축소됩니다. 원하는 장면을 얼마나 가깝게 잡을지 결정할 수 있습니다.

> **TIP** 돋보기 툴 단축키 : 마우스 휠을 위로 올리기-확대, 마우스 휠을 아래로 내리기-축소

**07** 핸드 툴, 궤도 툴, 돋보기 툴을 활용해서 원하는 장면 구도를 잡을 수 있습니다. 웹툰 원고 에서 필요한 장면으로 카메라를 위치시켜 보겠습니다.

**08** 메뉴 바에서 **[창]-[기본 트레이]-[트레이 표시]**를 선택해 트레이를 표시합니다. 그리고 '스타 일' 트레이가 체크되어 있는지 확인합니다. 그러면 스케치업 오른쪽에 스타일 트레이가 나타납니다.

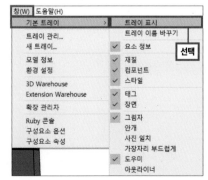

**09** 원하는 장면을 2D로 내보내기 전에 배경의 선과 컬러를 분리하 겠습니다. 포토샵에서 작업할 때 스케치와 컬러 레이어를 따로 구성하듯이 더 수월한 수정 작업을 위해 선과 컬러를 각각의 이미지로 내보내기 위해서입니다. 우선 스타일 창에서 '편집'을 선택하고 가장자 리 설정 을 클릭합니다. '가장자리'와 '프로필'에 체크되어 있는지 확 인하고, 프로필을 '1'로 설정합니다.

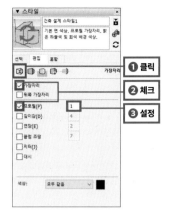

① 클릭
② 체크
③ 설정

**TIP**

스타일 창의 '프로필'에서 숫자를 설정하면 배경의 가장자리 두께를 정할 수 있습 니다. 자연스럽게 '1~2' 정도의 낮은 수치를 추천합니다.

**10** 그런 다음 면 설정 을 클릭하고 '스타일' 중 왼쪽에서 두 번째인 '숨은 선 모드' 를 클릭 해 3D 배경에서 선만 남게 합니다.

**11** 이제 선만 남은 배경을 2D 이미지로 내보낼 차례입니다. 메뉴 바에서 **[파일]-[내보내기]-[2D 그래픽]**을 선택합니다. 이미지를 저장할 폴더 위치를 설정하고, 파일 이름을 입력한 후 '내보내기'를 클릭합니다.

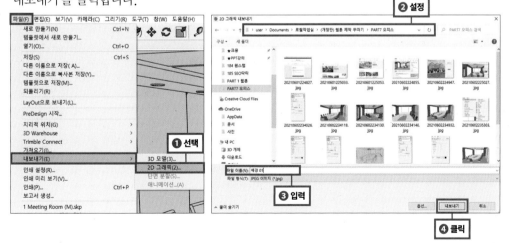

② 설정
① 선택
③ 입력
④ 클릭

**12** 3D 배경의 컬러만 따로 추출해 보겠습니다. 스타일 창의 면 설정▣에서 스타일을 '텍스처 표시'▣로 선택합니다. 다시 가장자리 설정▣을 선택하고, '가장자리'와 '프로필'을 체크해 제해 3D 배경에서 컬러 및 텍스처만 보이게 합니다.

**13** 컬러와 텍스처만 남은 배경도 2D 이미지로 내보내겠습니다. 메뉴 바에서 **[파일]-[내보내기]-[2D 그래픽]**을 선택합니다. 이미지를 저장할 폴더 위치를 설정하고, 파일 이름을 입력한 후 '내보내기'를 클릭해 이미지로 저장합니다.

# SECTION 02 | 말풍선 및 식자 작업하기

**01** 어도비 포토샵을 실행합니다. 'Create New'를 클릭하고 **[New Document]** 창에서 아래의 옵션 값을 입력한 후 'Create'를 클릭합니다.

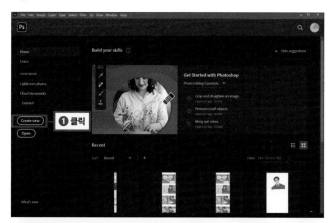

**〈New Document 옵션 값〉**
Width : 1500px
Height : 5000px

**02** 배경 이미지를 저장해 놓았던 폴더에서 이미지를 포토샵 캔버스로 드래그합니다. 이미지 각각의 레이어가 생성되면서 이미지들이 겹쳐져 위치하게 됩니다.

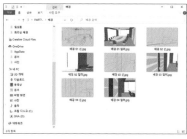

**03** 다른 이미지들도 포토샵으로 드래그해서 불러온 후 각 컷 위치에 배치시킵니다. **[Layers]** 패널에서 **Shift**를 누른 상태에서 맨 위 레이어와 맨 아래 레이어를 클릭해 모든 배경 레이어를 선택합니다. 마우스 오른쪽 버튼을 클릭하고 'Rasterize Layers'를 선택합니다.

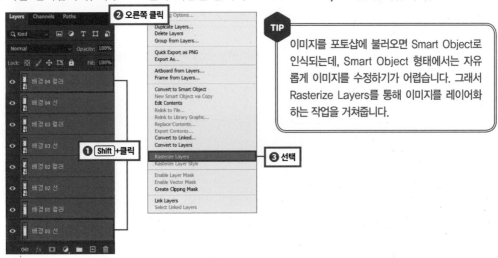

TIP

이미지를 포토샵에 불러오면 Smart Object로 인식되는데, Smart Object 형태에서는 자유롭게 이미지를 수정하기가 어렵습니다. 그래서 Rasterize Layers를 통해 이미지를 레이어화하는 작업을 거쳐줍니다.

**04** 이번에는 **[Layers]** 패널에서 **Ctrl**을 누른 상태로 배경 컬러 레이어만 선택하고 레이어 모드를 'Multiply'로 설정합니다. 그러면 배경 선 레이어 위에 컬러 레이어가 얹혀져 자연스럽게 보입니다.

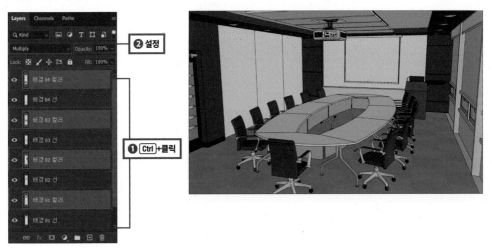

**05** 배경 이미지들의 색상 톤을 조절하겠습니다. 메뉴 바에서 **[Image]-[Adjustments]-[Color Balance]**를 선택합니다. **[Color Balance]** 대화상자에서 Color Levels의 마지막 칸의 수치를 '30'으로 설정해 이미지를 푸른 톤이 강해지게 보정합니다. 이 과정을 반복해 각각 배경의 컬러 레이어를 보정합니다.

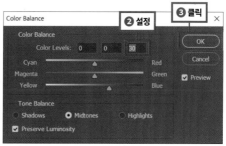

> **TIP**
> 채색하는 스타일에 따라서 배경 색상 톤을 바꿔줄 수 있습니다. 채색할 때 따뜻한 계열을 많이 쓴다면 붉은 계열 수치를 높여주면 됩니다. 이번 경우에는 회의실 분위기를 차분하고 이성적인 파란 톤이 어울릴 것 같아서 파란 색상을 키워준 거예요.

**06** 배경 레이어는 한번에 관리하기 편하도록 그룹 안에 넣겠습니다. **[Layers]** 패널에서 **Shift**를 누른 상태에서 맨 위 레이어와 맨 아래 레이어를 클릭해 모든 배경 레이어를 선택합니다. 그룹화 아이콘 ▢을 클릭하면 그룹이 생성됩니다.

> **TIP**
> 그룹화를 해두면 해당 그룹에 속한 레이어들을 일괄적으로 컨트롤할 수 있어서 편리합니다.

**07** 이제 콘티를 그려볼 차례입니다. [Layers] 패널에서 배경 이미지가 있는 그룹을 클릭하고, Opacity를 30% 정도로 낮춰 배경을 반투명하게 만듭니다.

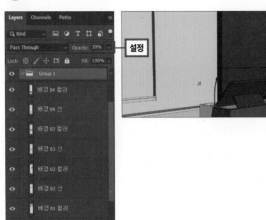

**08** [Layers] 패널에서 새 레이어 추가 ⊞ 버튼을 클릭해 '콘티' 레이어를 추가합니다. 이때 그룹 안에 레이어가 추가되지 않게 하기 위해서는 Group 1 레이어의 화살표를 클릭해서 폴더를 닫은 후 새 레이어를 클릭합니다. 툴 바에서 브러시 툴 ✎ (B)을 선택하고, 아래의 브러시 옵션 값을 설정한 후 배경 위에 콘티를 러프하게 그립니다.

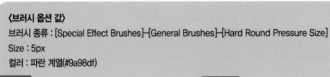

〈브러시 옵션 값〉
브러시 종류 : [Special Effect Brushes]−[General Brushes]−[Hard Round Pressure Size]
Size : 5px
컬러 : 파란 계열(#9a98df)

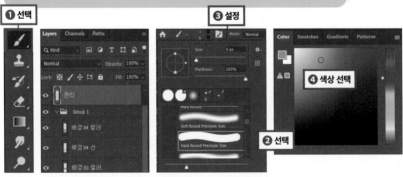

**TIP**
원하는 색상의 컬러 코드 값을 안다면 툴 바에서 컬러 피커 ■를 선택합니다.
[Color Picker] 창에서 '#'으로 표시된 칸에 직접 컬러 코드 값을 입력하면 해당 색상으로 설정됩니다. 이책에서 사용된 포토샵 버전은 21.2.8입니다.

**09** 콘티 위에 펜 선을 따기 위해서 콘티 레이어의 Opacity를 30%로 낮춥니다.

설정

**10** [Layers] 패널에서 새 레이어 추가⊞ 버튼을 클릭해 '선' 레이어를 추가합니다. 툴 바에서 브러시 툴✐(ⓑ)을 선택하고 컬러 피커▦에서 어두운 푸른색(#46435c)으로 설정합니다. 그리고 콘티에 맞춰서 깔끔하게 선을 따주세요.

❷ 선택

❸ 색상 선택

❶ 클릭

**TIP**
선을 딸 때 배경과 맞닿는 부분이 있다면 해당 부분도 선을 따주세요. 예를 들어, 캐릭터가 탁상 위에 손을 올려놓았다면 탁상과 손이 맞닿는 부분도 선을 그려줘야 채색할 때 편합니다.

**11** 콘티 레이어의 눈 모양 을 클릭해 콘티 레이어를 숨깁니다.

클릭

**12** 3D 배경에 기반해서 선 따기가 완성되었습니다.

TIP

스케치업을 활용해서 웹툰 원고에 작업할 때 미리 머릿속으로 웹툰 원고의 구도를 그려본 후에 해당 장면들을 캡처해 보세요. 더 다양한 각도와 연출을 시도해 보는 것도 좋습니다.

## SECTION 03 | 깔끔하게 채색하고 명암 표현하기

**01** '포토샵 오피스툰 02.psd' 예제파일을 불러옵니다. 컷을 벗어나지 않게 채색하기 위해 툴 바에서 사각형 선택 윤곽 툴 ▣ (M)을 선택하고 배경 크기만큼 드래그해 선택합니다.

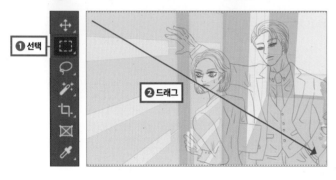

**02** [Layers] 패널에서 배경 그룹의 눈 모양 👁 을 클릭해 콘티 레이어를 숨긴 후 새 레이어 추가 ⊞ 버튼을 클릭해 '피부색' 레이어를 추가합니다. 피부색 레이어를 드래그해 선 레이어 밑으로 옮깁니다.

> **TIP**
> 채색 레이어는 꼭 배경 레이어 위에, 선 레이어 아래에 위치하도록 해줍니다. 선을 덮지 않도록 하면서도 배경 위에 칠해져야 하기 때문입니다.

**03** 툴 바에서 페인트통 툴 🪣 을 선택하고, 컬러 피커 🔲 에서 피부 색상을 선택합니다. 남자는 짙은 피부색(#edcfae)으로 칠하고, 여자는 밝은 피부색(#f4e0cb)으로 칠합니다.

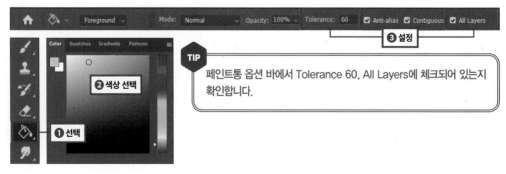

> **TIP**
> 페인트통 옵션 바에서 Tolerance 60, All Layers에 체크되어 있는지 확인합니다.

**04** **Ctrl**+**+**를 눌러 캔버스를 확대한 후 더욱 세밀한 작업을 하겠습니다. 툴 바에서 브러시 툴 🖌(**B**)을 선택하고 흰색을 설정해서 눈 부분을 칠합니다.

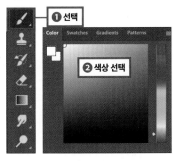

**05** [Layers] 패널에서 새 레이어 추가 🔲 버튼을 클릭해 '의상' 레이어를 추가합니다. 툴 바에 서 페인트통 툴 🪣을 선택하고, 컬러 피커 🔲에서 각 의상 색상을 선택합니다. 여기서 남 자 슈트는 짙은 회색(#6b6d74), 여자 슈트는 밝은 보라색(#bcbacd)으로 채웠습니다.

**06** Ctrl+⊕를 눌러 캔버스를 확대하고, 툴 바에서 브러시 툴 🖌(B)을 선택합니다. Alt 를 눌러 커서가 스포이드 툴로 변하면 의상 색상을 따서 페인트통으로 채우지 못한 부분까지 꼼꼼하게 채웁니다. 기본 채색이 마무리되면 Ctrl+D를 눌러 선택 해제합니다.

> **TIP** 어두운 색상일수록 선 근처가 꼼꼼하게 채워지지 않습니다. 브러시 툴로 꼼꼼하게 덮어주는 작업을 해야 합니다.

**07** [Layers] 패널에서 새 레이어 추가 ⊞ 버튼을 클릭해 '머리카락' 레이어를 추가합니다. 툴바에서 자동선택 툴 🪄(W)을 선택하고, Shift 를 누른 상태로 머리카락 부분을 복수 선택합니다.

> **TIP** 자동선택 툴 옵션 바에서 Tolerance 32, Sample All Layers가 체크되어 있는지 확인하세요.

**08** 메뉴 바에서 [Select]–[Modify]–[Expand]를 선택해 [Expand Selection] 대화상자를 불러옵니다. Expand By를 1pixel로 설정하고 OK를 클릭해 선택된 영역을 1pixel만큼 확장합니다.

**09** 툴 바에서 컬러 피커 ▣를 선택하고, 머리카락 색을 짙은 회색(#514c5c)으로 설정합니다. 그런 다음 Alt + Delete 를 눌러 해당 색상으로 선택 영역을 채웁니다. Ctrl + D 를 눌러 선택 해제합니다.

**10** 툴 바에서 브러시 툴 (B)을 선택하고, 덜 채워진 부분을 꼼꼼하게 칠합니다. 같은 방법으로 여자 캐릭터의 머리카락도 채색합니다.

선택

**11** 채색을 마쳤다면 배경 레이어들이 있는 그룹을 선택하고 Opacity를 70%로 해줍니다.

❷ 설정

❶ 선택

**TIP** 배경 이미지의 Opacity를 100%보다 살짝 낮추면 캐릭터와 배경이 자연스럽게 어우러집니다.

**12** 이번에는 그림자가 지는 부분을 칠해서 명암을 표현하겠습니다. [Layers] 패널에서 새 레이어 추가 ⊞ 버튼을 클릭해 선 레이어 위에 '명암' 레이어를 추가한 후 레이어 모드를 'Multiply'로 설정합니다. 툴 바에서 브러시 툴 (B)을 선택하고, 컬러 피커 ▣에서 연한 회색(#f0ecec)을 설정합니다. 머리카락, 턱 아래, 옷 주름 등에 그림자를 그려주세요.

❷ 설정

❸ 선택

❹ 색상 선택

❶ 클릭

❺ 그림자 그리기

**13** 캐릭터의 얼굴을 자연스럽게 표현하기 위해 홍조를 표현해 보겠습니다. **[Layers]** 패널에서 새 레이어 추가 ⊞ 버튼을 클릭해 '그라데이션' 레이어를 추가한 후 레이어 모드를 'Multiply'로 설정합니다. 툴 바에서 그레이디언트 툴 ▣ (**G**)을 선택하고, 컬러 피커 ▣에서 연한 핑크색(#faecec)을 선택합니다.

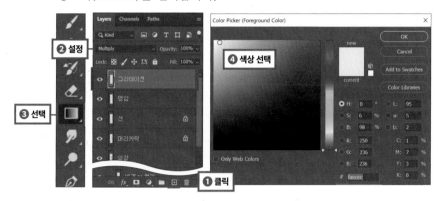

**14** 그레이디언트 옵션 바에서 방사형 ▣으로 설정하고, 그레이디언트 색상 바를 클릭해 **[Gradient Editor]** 대화상자를 불러옵니다. Presets에서 Basics 중 'Foreground to Transparent'로 설정하고 전경색을 투명색으로 선택합니다. 그리고 캐릭터의 뺨, 입술 등에 드래그해 홍조를 표현합니다.

**15** 이번에는 채색의 마무리 단계인 빛을 표현해 보겠습니다. **[Layers]** 패널에서 새 레이어 추가 ⊞ 버튼을 클릭해 '하이라이트' 레이어를 추가한 후 Opacity를 90%로 설정합니다. 툴 바에서 브러시 툴 ✎ (**B**)을 선택하고, 흰색으로 빛이 반사되는 부분을 표현합니다. 눈동자, 머리카락, 입술 등에 빛을 표현합니다.

## SECTION 04 | 말풍선과 효과음 만들어 주기

**01** 우선 '포토샵 오피스툰 03.psd' 예제파일을 불러옵니다. **[Layers]** 패널에서 새 레이어 추가 ⊞ 버튼을 클릭해 '말풍선' 레이어를 맨 위에 추가한 후 레이어 스타일 *fx.*을 클릭해 'Stroke'를 선택합니다. **[Layer Style]** 대화상자가 나타나면 Size는 3px, 색상은 검은색으로 설정하고 OK를 클릭합니다. 해당 레이어에서 작업하는 영역 주변에 검은색 선이 생기게 됩니다.

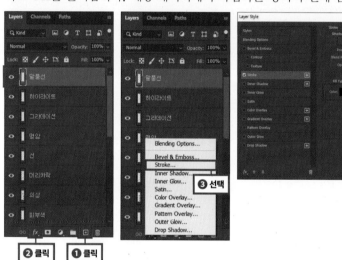

**02** 툴 바에서 원형 선택 툴 ◯을 선택하고 이미지 위에 드래그해 둥근 말풍선 영역을 만듭니다. **Shift**를 클릭해 두 번째 말풍선 영역도 추가합니다.

**03** 툴 바에서 올가미 툴 (L)을 선택하고 Shift를 누른 상태에서 말풍선 꼬리를 그립니다. 컬러 피커 에서 흰색을 설정하고, Alt+Delete를 눌러 흰색으로 말풍선 영역을 채웁니다. 검은색 테두리가 있는 말풍선이 완성됩니다.

❶ 선택
❸ 색상 선택
❷ 꼬리 그리기

❹ Alt + Delete

**04** [Layers] 패널에서 말풍선 레이어의 Opacity를 90%로 설정해 말풍선이 배경과 자연스럽게 어우러지게 합니다. Ctrl+D를 눌러 선택 해제합니다.

❷ 설정
❶ 선택
❸ Ctrl + D

**05** 툴 바에서 텍스트 툴 T을 선택하고, 말풍선 위에 커서를 클릭한 후 대사를 입력합니다.

❶ 선택

김 대리님.

잠시 남아서
얘기 좀 하시죠.

❷ 대사 입력

TIP

폰트는 AppleSDGothicNeo체,
폰트 크기는 36pt입니다.

**06** 효과음을 넣어줄 차례입니다. **[Layers]** 패널에서 새 레이어 추가 버튼을 클릭해 '효과음' 레이어를 추가합니다. 레이어 스타일 *fx.* 을 클릭해 'Stroke'를 선택합니다. **[Layer Style]** 대화상자에서 색상을 흰색으로 설정하고 OK를 클릭합니다. 툴 바에서 브러시 툴 **(B)**을 선택해 효과음을 써넣어 완성합니다.

⑦ 효과음 쓰기

3D 배경으로 실감나는 오피스툰 그리기가 완성되었습니다.

**TIP** 정해진 마감 일정 내에 수십 컷을 작업해야 하는 웹툰 특성상 스케치업 3D 배경은 원고 작업의 효율을 높이는 데 큰 도움이 됩니다. 직접 그리기가 어려운 디테일한 부분까지 연출할 수 있는 것이 장점이죠. 배경뿐만 아니라 다양한 소품들까지 3D로 제작되고 있으니 리서치를 해보고 원고 퀄리티를 높여보세요.

# CHAPTER
# 05

# 배경으로 웅장한
# 아포칼립스 그리기

최근에 괴물, 좀비, 재난 등을 배경으로 이루어지는 아포칼립스(세계 종말을 다루는 장르) 웹툰이 인기를 끌고 있습니다. 절박한 상황 속에서 살아남기 위해 분투하는 모습을 보는 스릴감이 포인트죠. 아포칼립스는 인류의 위험을 다루고 있기 때문에 스케일이 거대할 수밖에 없습니다. 장르 특유의 웅장하고 암울한 분위기를 살리기 위해 폐허가 된 도시의 3D 배경을 활용해 보겠습니다. 또한 밤하늘을 합성하고 각종 포토샵 브러시와 특수 효과를 사용해 볼 것입니다.

**01** 웹툰 원고에 배경으로 적용할 3D 배경 모델을 찾아보겠습니다. 에이콘3D(https://www.acon3d.com/)에 접속해 카테고리 항목에서 'SF/아포칼립스' 장르를 클릭해주세요. 아포칼립스에 어울릴 만한 '폐허가 된 도시' 모델을 구매해 파일을 다운로드합니다.

※출처 : 에이콘3D의 뉴섭님 작품

**TIP** 에이콘3D에서 다양한 장르를 선택할 수 있으므로 원하는 장르를 클릭해서 유용한 3D 배경 모델들을 찾아보세요.

**02** 다운로드한 스케치업 파일(.skp)을 실행하면 스케치업 프로그램에서 모델이 불러와집니다. 핸드 툴 , 궤도 툴 , 돋보기 툴 을 사용해서 원고에 활용하고자 하는 장면 구도를 잡습니다.

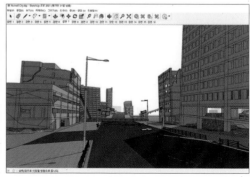

**03** 메뉴 바에서 **[창]–[기본 트레이]–[트레이 표시]**를 선택한 후 스타일 창에서 '편집'을 클릭합니다. 여기서 '가장자리'와 '프로필'에 체크되어 있는지 확인하고, 프로필을 '1'로 설정합니다.

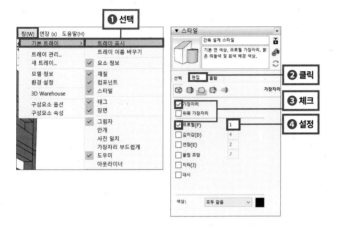

**04** 배경을 이미지로 내보내겠습니다. 메뉴 바에서 **[파일]–[내보내기]–[2D 그래픽]**을 선택합니다. 이미지를 저장할 폴더 위치를 설정하고, 파일 이름을 입력한 후 '내보내기'를 클릭합니다. 같은 방법으로 원하는 배경 구도들을 이미지로 저장해 주세요.

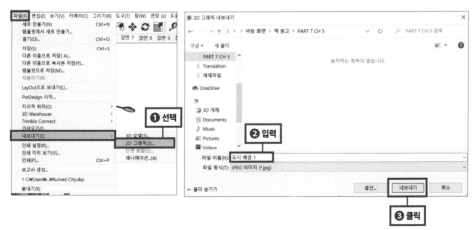

# SECTION 02 | 포토샵 원고에 스케치업 배경 적용하기

▶예제파일 : PART 7/CHAPTER 5/포토샵 재난물 01.psd

**01** 웹툰 작업을 하기 위해 포토샵을 실행합니다. 'Create New'를 클릭하고 **[New Document]** 창에서 아래의 옵션 값을 입력한 후 'Create'를 클릭해 새 캔버스를 생성하세요.

**〈New Document 옵션 값〉** Width : 1500px / Height : 5000px

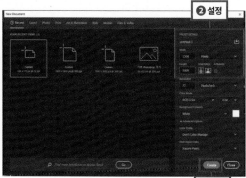

**02** 새로 생성된 캔버스 위에 컷을 그려보겠습니다. **[Layers]** 패널에서 칸을 그릴 새 레이어 추가 █ 버튼을 클릭해 '칸' 레이어를 추가합니다. 툴 바에서 선 툴 █을 선택하고, 아래의 옵션 값을 입력한 후 선을 그어 칸을 완성해 주세요.

**〈선 옵션 값〉** Mode : Normal / Opacity : 100% / Weight : 3px

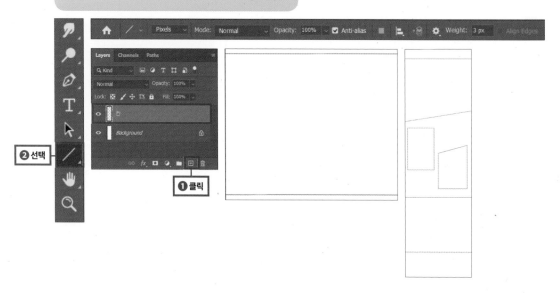

326

**03** 배경 이미지를 저장해 놓았던 폴더에서 이미지를 클릭해서 포토샵 캔버스로 드래그합니다. 이미지 레이어가 자동으로 생성되며 캔버스에 이미지가 삽입됩니다.

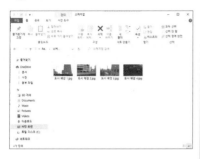  

**04** 이미지를 원하는 컷 위치에 배치시킨 후 컷 크기에 맞춰 이미지의 꼭짓점을 드래그해서 크기를 조절해 주세요.

**05** 이제 컷 밖으로 튀어나온 배경 부분을 지워보겠습니다. [Layers] 패널에서 '도시 배경 1' 레이어의 눈 모양 👁을 클릭해 배경을 숨깁니다. 그런 다음 툴 바에서 자동선택 툴 🪄(W)을 선택한 후 컷 레이어를 클릭해 컷 부분을 선택합니다.

❷ 선택

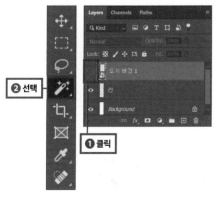

❶ 클릭

**06** [Layers] 패널에서 '도시 배경 1' 레이어의 눈 모양 👁 을 다시 클릭해 보이게 합니다. [Layers] 패널 아래에서 레이어 마스크 ▣ 를 클릭하면 선택된 영역에만 배경 이미지가 적용됩니다.

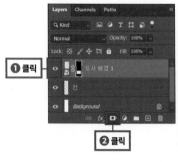 

**07** 웹툰 분위기와 잘 어울리는 색상으로 배경 이미지의 톤을 조절하겠습니다. 메뉴 바에서 [Image]-[Adjustments]-[Color Balance]를 선택합니다. [Color Balance] 대화상자에서 Color Levels의 마지막 칸의 수치를 '15'로 설정해 이미지를 차가운 톤이 강해지게 보정합니다. 나머지 이미지들도 똑같은 방식으로 모두 적용해 줍니다.

 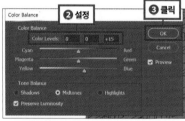

TIP

아포칼립스는 장르 특성상 전반적으로 어둡고 차가운 느낌이 강하게 듭니다. 그래서 배경 이미지들도 차가운 톤으로 보정해 주었습니다.

**08** 이제 콘티를 그릴 차례입니다. **[Layers]** 패널에서 배경 레이어의 Opacity를 20%로 낮추세요.

**09** **[Layers]** 패널에서 새 레이어 추가 ⊞ 버튼을 클릭해 '콘티' 레이어를 추가합니다. 툴 바에서 브러시 툴 ✎ (**B**)을 선택하고 아래의 옵션 값을 설정해 줍니다.

**〈브러시 옵션 값〉**
브러시 종류 : [Special Effect Brushes]─[General Brushes]─[Hard Round Pressure Size] / Size : 6px / Color : 붉은 계열(#ff5672)

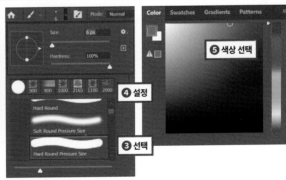

**10** 콘티 위에서 펜 선을 따겠습니다. [Layers] 패널에서 콘티 레이어의 Opacity를 20%로 낮춰주세요.

**11** [Layers] 패널에서 새 레이어 추가 버튼을 클릭해 '선' 레이어를 추가합니다. 툴 바에서 브러시 툴 (B)을 선택하고 컬러 피커에서 검은색(#000000)으로 설정합니다. 이제 콘티에 맞춰 선을 깔끔하고 꼼꼼하게 따주세요.

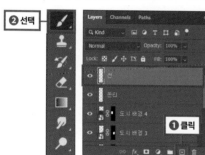 

**12** 선을 모두 따고 나면 콘티 레이어의 눈 모양 을 클릭해서 콘티 레이어를 숨깁니다.

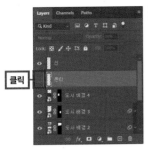

클릭

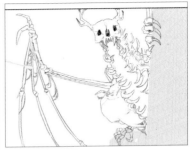

**13** 이렇게 아포칼립스 원고 선 따기가 완성되었습니다.

**TIP**

비슷한 구도로 이루어진 컷들이 연속되면 지루하기 때문에 스케치 업에서 다양한 각도와 구도의 배경들을 캡처했습니다. 줌인, 줌아웃 과 더불어 높은 앵글에서 내려다보는 신, 밑에서 올려다보는 신 등 다양한 구도를 연출하면 원고가 풍성해 보입니다.

# SECTION 03 | 캐릭터 채색하기

**01** '포토샵 재난물 04.psd' 예제파일을 불러옵니다. **[Layers]** 패널에서 새 레이어 추가⊞ 버튼을 클릭해 '머리카락' 레이어를 추가하고, 선 레이어 밑으로 가게 옮겨주세요. 색상이 꼼꼼하게 칠해지는 것을 확인할 수 있도록 **[Layers]** 패널에서 '도시 배경 2' 레이어의 Opacity를 65% 정도로 해줍니다.

클릭

**TIP** 채색 레이어가 선 레이어 밑, 배경 레이어 위로 가게 되면 따로 레이어 모드를 바꾸지 않고도 채색 작업이 가능합니다.

**02** 툴 바에서 브러시 툴✐(**B**)을 선택하고 아래의 옵션 값으로 설정한 후 컬러 피커▣에서 흰색(#ffffff)을 선택합니다. 머리카락과 눈 흰자위를 꼼꼼하게 잘 칠해주세요.

〈브러시 옵션 값〉
브러시 종류 : [Special Effect Brushes]-[General Brushes]-[Hard Round Pressure Size] / Size : 20px

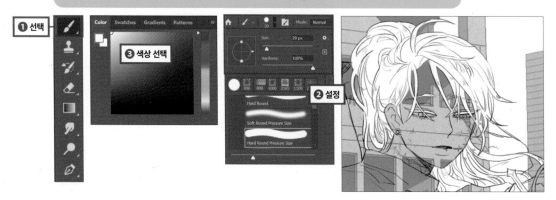

❶ 선택
❸ 색상 선택
❷ 설정

**03** 이제 배경 레이어의 눈 모양 👁 을 클릭해서 레이어를 숨겨줍니다. 이번에는 새 레이어 추가 ⊞ 버튼을 클릭해 머리카락 레이어 밑에 '피부' 레이어를 추가해 주세요. 컬러 피커 🎨 에서 피부색(#fbf3ee)을 선택하고 칠합니다.

**04** [Layers] 패널에서 새 레이어 추가 ⊞ 버튼을 클릭해 '옷' 레이어를 추가합니다. 눈동자는 하늘색(#e4fdff)과 연두색(#cff3d2), 옷은 진한 회색(#2d2d2d)으로 채워주세요.

클릭

**05** 이번에는 나머지 배경 부분을 칠해서 채색을 완성해 보겠습니다. [Layers] 패널에서 새 레이어 추가 ⊞ 버튼을 클릭해 '배경' 레이어를 추가해 주세요. 그리고 칼과 늑대 괴물의 밑색을 아래 그림처럼 깔끔하게 칠합니다.

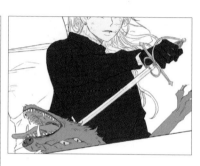

클릭

▶예제파일 : PART 7/CHAPTER 5/포토샵 재난물 05.psd

# SECTION 04 | 입체적인 명암과 다양한 효과 표현하기

**01** 그림을 더욱 입체적으로 만들어 줄 명암을 표현하겠습니다. **[Layers]** 패널에서 새 레이어 추가 버튼을 클릭해 선 레이어 위에 '그림자' 레이어를 추가하고, 레이어 모드를 'Multiply'로 설정합니다. 툴 바에서 브러시 툴 (**B**)을 선택하고 컬러 피커에서 그림자를 표현하기 적당한 연한 회색(#b7b7b7)을 선택해 주세요.

**02** 괴물 해골의 질감을 잘 표현하기 위해 눈, 코 주변, 턱뼈 등에 그림자를 표현해 주세요. 그런 다음 몸통의 울퉁불퉁한 가죽의 느낌을 잘 살리도록 그림자를 더욱 강조해 줍니다.

 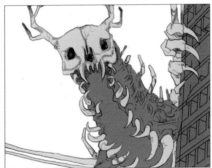

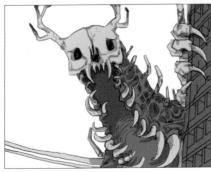

**03** [Layers] 패널에서 '그림자' 레이어를 선택한 상태에서 투명 레이어 잠그기 █ 를 클릭해서 그림자 레이어를 고정합니다. 툴 바에서 브러시 툴 █ (B)을 선택한 후 아래의 브러시 옵션 값을 설정하고, 컬러 피커 █ 에서 짙은 갈색(#7f7474)을 설정하세요. 괴물의 입 안을 피로 얼룩지게 표현해 공포감을 조성해 봅니다. 채색을 끝내면 투명 레이어 잠그기 █ 를 다시 클릭해서 고정을 취소해 줍니다.

〈브러시 옵션 값〉
브러시 종류 : [Special Effect Brushes]─[General Brushes]─[Kyle's Spatter Brushes─Supreme Spatter & Texture] / Size : 200px

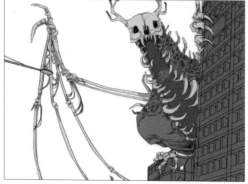
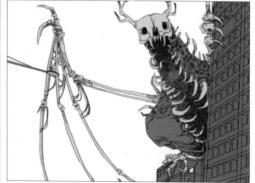

**TIP** Kyle's Spatter Brushes 시리즈를 활용하면 피나 액체가 뿌려지는 듯한 효과를 연출할 수 있습니다.

**04** 이번에는 괴물 몸 위에 전체적으로 흩뿌리는 효과를 줍니다. **[Layers]** 패널에서 괴물을 채색한 '배경' 레이어를 선택하고 투명 레이어 잠그기 를 클릭합니다. 연한 갈색(#a29393) 브러시를 이용해서 괴물의 얼굴, 날개, 손에 피가 튄 효과를 주세요.

 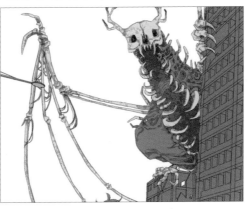

**05** 캐릭터의 명암을 표현해 보겠습니다. 툴 바에서 브러시 툴 (**B**)을 선택하고, 아래의 옵션 값으로 설정합니다. 그런 다음 컬러 피커 에서 연한 회색(#d5d5d5)을 선택해 주세요. 이제 '그림자' 레이어를 선택하고, 머리카락, 턱 아래, 옷 주름과 몸 근육 등을 따라 그림자를 그려줍니다.

〈브러시 옵션 값〉
브러시 종류 : [Special Effect Brushes]─[General Brushes]─[Hard Round Pressure Size]
Size : 20px

**06** 이번에는 캐릭터에 빛 표현을 해보겠습니다. **[Layers]** 패널에서 '선' 레이어를 선택하고 흰색 브러시로 눈동자에 반사되는 빛을 표현합니다.

**07** **[Layers]** 패널에서 '머리카락' 레이어를 선택하고 툴 바에서 닷지 툴을 선택한 후 아래의 옵션 값으로 설정합니다. 빛이 반사되는 머리카락 중앙 부분을 칠하면서 은은한 빛을 표현하세요. 툴 바에서 브러시 툴(**B**)을 선택한 후 연한 주황색(#e68d72)으로 선명한 빛을 표현합니다.

〈브러시 옵션 값〉
브러시 종류 : [Special Effect Brushes]—[General Brushes]—[Soft Round Pressure Opacity] / Size : 65px

**08** 마지막으로 괴물들과의 전투로 흐르거나 튄 피를 표현해 보겠습니다. 우선 무료 포토샵 브러시 사이트(https://myphotoshopbrushes.com/)에 접속해서 피 효과에 적절한 'Dried Blood Splatters' 브러시를 다운로드합니다. 다운로드한 브러시(.abr)를 더블클릭하면 포토샵에서 브러시를 불러올 수 있습니다.

**TIP**

아포칼립스라면 피가 튀는 듯한 연출이 많이 사용되기 때문에 특수 브러시들이 유용하게 활용됩니다.

**09** 포토샵으로 돌아간 후 [Layers] 패널에서 새 레이어 추가 ⊞ 버튼을 클릭해서 '피' 레이어를 추가하고, 레이어 모드를 'Multiply'로 변경하세요. 이제 다운받은 피 모양 브러시를 이용해서 채색을 할 텐데, 새로 받은 브러시의 이름이 모두 똑같고 미리보기로는 구분이 가지 않습니다. 이럴 경우에는 브러시 창 위 오른쪽의 설정 버튼을 클릭한 후 'Brush Tip'을 선택하면 브러시의 모양을 자세히 확인할 수 있습니다.

**2 설정**

**1 클릭**

**3 설정**

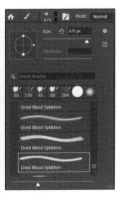

**4 선택**

**10** 채색에 들어가기 전에 우선 사각형 선택 윤곽 툴 (M)을 이용해서 컷 전체를 선택해 줍니다. 그런 다음 툴 바에서 브러시 툴 (B)을 선택해 주세요. 컬러 피커 에서 진한 붉은색(#501c1c)을 선택하고 피 모양 브러시를 원고에 자연스럽게 칠해주세요.

**11** 이번에는 흐르는 피를 그려볼 차례입니다. 메뉴 상단의 브러시 설정 창에서 옵션 값을 아래와 같이 설정해 주세요. 붉은색으로 칼, 바닥과 괴물의 몸 등에 피를 칠해줍니다.

〈브러시 옵션 값〉
브러시 종류 : [Special Effect Brushes]─[General Brushcs]─[Hard Round Pressure Size]
Opacity : 80% / Flow : 40% / Size : 20px

**TIP**
Flow를 낮추면 브러시가 마치 수채화처럼 경계선 부분이 흐릿해지기 때문에 액체의 질감을 표현하기 적합합니다.

# SECTION 05 | 어두운 밤 배경 표현하기

**01** 6파트에서 만든 밤하늘 배경을 원고에 적용해 보겠습니다. '밤하늘.jpg' 파일을 불러와서 사각형 선택 윤곽 툴(**M**)을 이용해서 이미지를 선택합니다. **Ctrl**+**C**를 눌러 이미지를 복사한 후 원고 작업 창으로 돌아와 **Ctrl**+**V**를 눌러 붙여넣습니다. [Layers] 패널에서 자동으로 생성된 레이어의 이름을 '밤하늘'로 변경하고, '도시 배경 4' 레이어 위로 옮겨주세요. 그런 다음 밤하늘 이미지를 컷에 맞게 크기를 조절합니다.

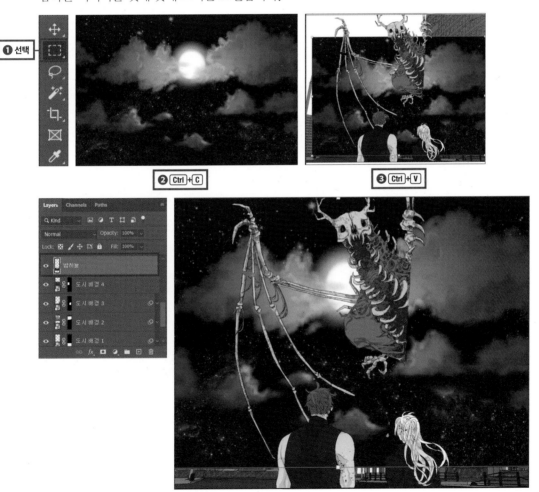

❶ 선택

❷ Ctrl + C

❸ Ctrl + V

**02** [Layers] 패널에서 밤하늘 레이어의 눈 모양  을 클릭해 배경을 보이지 않게 숨깁니다. 툴 바에서 자동선택 툴 (W)을 선택한 후 Shift 를 누른 상태에서 캐릭터 외의 공백을 모두 선택합니다.

**❸ Shift +클릭**

**❶ 눈 모양 클릭**

**❷ 선택**

**TIP**

우선 자동선택 툴 (W)을 선택하고 메뉴 상단의 설정 바에서 'Sample All Layers'의 체크를 해제해 주세요. 그런 다음 '도시 배경 1' 레이어를 클릭하고 흰 배경을 선택하면 건물을 제외한 나머지 공간을 쉽게 선택할 수 있습니다.

**03** 밤하늘 레이어의 눈 모양 을 클릭해 배경을 다시 보이게 한 후 [Layers] 패널 아래에 있는 레이어 마스크 를 클릭하면 건물 뒤 배경에 밤하늘이 적용됩니다.

**❶ 클릭**

**❷ 클릭**

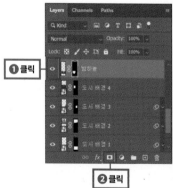

**04** [Layers] 패널에서 새 레이어 추가🔲 버튼을 클릭해 '어둠' 레이어를 추가하고, 레이어 모드를 'Multiply'로 변경해 줍니다. 툴 바에서 사각형 선택 윤곽 툴🔲(M)을 선택하고 컷 전체를 선택해 주세요.

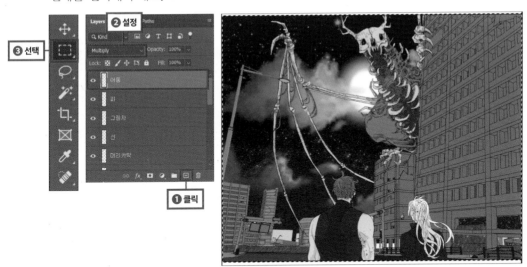

**05** 그레이디언트 툴🔲(G)을 선택한 후 색상 바를 클릭해서 [Gradient Editor] 대화상자를 엽니다. Basics 폴더에서 'Foreground to Transparent'로 설정하고 전경색을 진한 회색 (#6d6d6d)으로 설정한 후 OK를 클릭합니다. 하늘 위에서 아래로 드래그해 어두운 하늘 색상을 입혀줍니다. 동일한 방식으로 모든 컷에 어둠을 적용해 주세요.

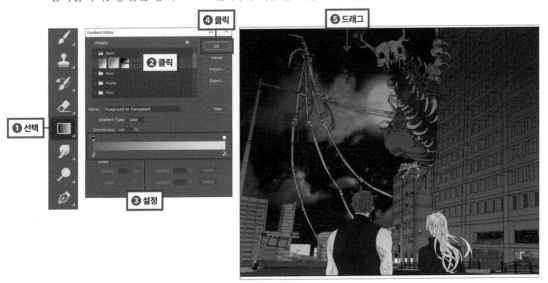

**06** 보름달에서 비추는 빛을 그레이디언트 효과를 이용해서 표현해 보겠습니다. 우선 그레이디언트 옵션 바에서 Radial Gradient로 설정하고, 그레이디언트 색상 바를 클릭합니다. [Gradient Editor] 대화상자가 뜨면 'Foreground to Transparent'로 설정된 상태에서 전경색을 흰색(#ffffff)으로 설정한 후 보름달에 드래그해 적용합니다.

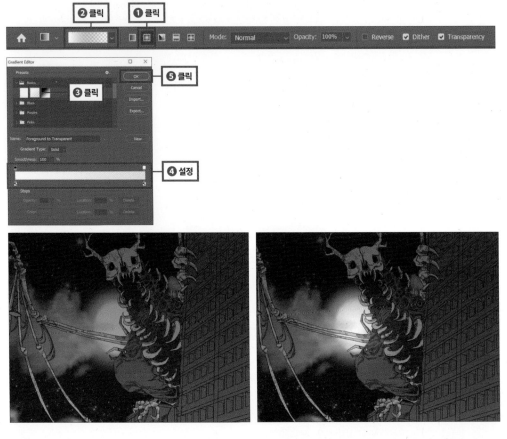

**07** 이번에는 괴물 뒤에서 반사되는 달빛 효과를 주겠습니다. 툴 바에서 브러시 툴(B)을 선택한 후 흰색(#ffffff)으로 괴물의 윤곽을 따라 칠해주세요.

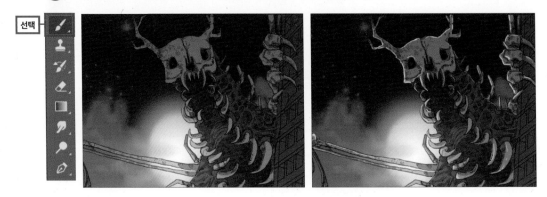

**08** 툴 바에서 올가미 툴 🔲(L)을 선택하고 가로등 아래로 비추는 불빛 모양을 생각하면서 드래그해 주세요. 그레이디언트 툴🔲(G)을 선택한 후 색상 바를 클릭해 **[Gradient Editor]** 대화상자를 열어줍니다. Basics 폴더에서 'Foreground to Transparent'로 설정하고, 전경색을 밝은 노란색(#feeabc)으로 설정합니다. 가로등 위에서 아래로 드래그해서 가로등 불빛을 표현해 주세요.

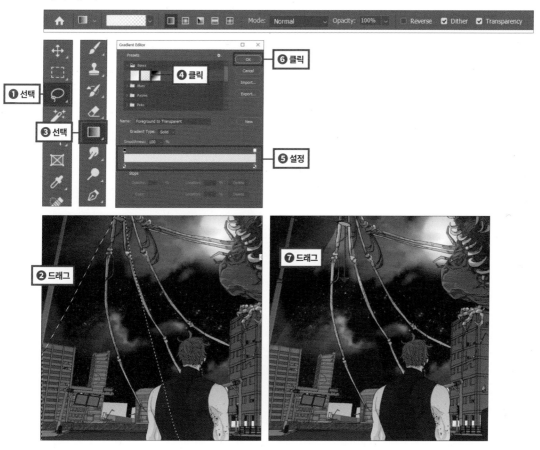

**09** 툴 바에서 브러시 툴 🔲(B)을 선택해서 가로등 기둥에 반사되는 불빛을 그려줍니다.

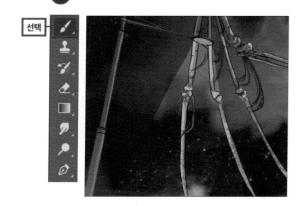

**10** 캐릭터의 얼굴에도 자연스럽게 빛 효과를 주겠습니다. 툴 바에서 브러시 툴 (B)을 선택하고 흰색(#ffffff) 브러시로 캐릭터의 눈동자, 머리카락, 코 끝, 입술, 얼굴 윤곽에 빛을 그려주세요.

선택

▶예제파일 : PART 7/CHAPTER 5/포토샵 재난물 07.psd ▶완성본 : PART 7/CHAPTER 5/포토샵 재난물 08.psd

# SECTION 06 | 말풍선과 효과음 삽입하기

**01** 이제 대사와 효과음을 넣어서 원고를 마무리할 차례입니다. [Layers] 패널에서 새 레이어 추가 ⊞ 버튼을 클릭해서 '말풍선' 레이어를 추가합니다. 레이어 스타일 *fx.* 을 클릭해 'Stroke'를 선택한 후 [Layer Style] 대화상자가 뜨면 Size를 3px, Color를 검은색으로 설정하고 OK를 클릭합니다.

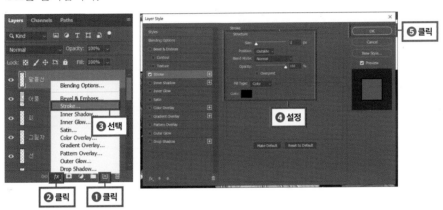

**02** 말풍선 레이어의 Opacity를 70% 정도로 낮춰줍니다. 툴 바에서 타원 툴 ◉을 선택하고 컬러 피커 ◼에서 흰색(#ffffff)으로 설정한 후 말풍선이 들어갈 자리에 드래그해 원을 만듭니다.

347

**03** 툴 바에서 브러시 툴 ✎ (**B**)을 선택해 말풍선의 꼬리를 그려주세요.

선택

**04** 툴 바에서 텍스트 툴 **T**을 선택하고 말풍선 위에 커서를 클릭합니다. 옵션 바에서 폰트, 크기, 색상 등을 상황에 맞게 설정한 후 대사를 입력합니다.

❷ 설정

❶ 선택

이것들이 어디서 이렇게
끊임없이 튀어나오는 거야?

TIP

폰트는 Kopub돋움체, Medium, 폰트크기는
36pt입니다.

**05** 이번에는 효과음을 넣어보겠습니다. **[Layers]** 패널에서 새 레이어 추가 ⊞ 버튼을 클릭해 '효과음' 레이어를 추가합니다. 레이어 스타일 *fx.*을 클릭해 'Stroke'를 선택합니다. **[Layer Style]** 대화상자에서 색상을 흰색, Size를 3px로 설정하고 OK를 클릭합니다.

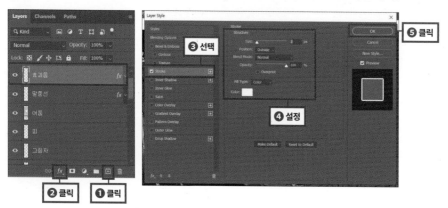

❷ 클릭   ❶ 클릭

**06** 툴 바에서 브러시 툴 ✏(B)을 선택하고, 브러시를 아래의 옵션 값으로 설정해 주세요. 그런 다음 효과음을 그려 넣어줍니다

❶ 선택

❷ 설정

〈브러시 옵션 값〉
브러시 종류 : [Special Effect Brushes]―[Dry Media Brushes]―[KYLE Ultimate Charcoal Pencil 25px Med]
Size : 80px

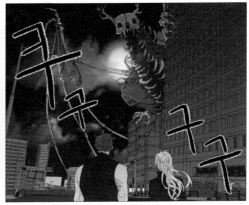

**07** 효과음에 블러 효과를 주어 더 극적인 상황인 것처럼 표현하겠습니다. 툴 바에서 올가미 툴 ◯(L)을 선택해서 괴물이 다가오는 '쿵쿵' 효과음을 드래그해서 선택해 주세요.

❶ 선택

이게 무슨 소리지?

❷ 드래그

**08** 메뉴 바에서 [Filter]-[Blur]-[Motion Blur]를 선택해서 [Motion Blur] 대화상자를 불러옵니다. Angle은 90도, Distance는 15px로 설정한 후 OK를 클릭합니다.

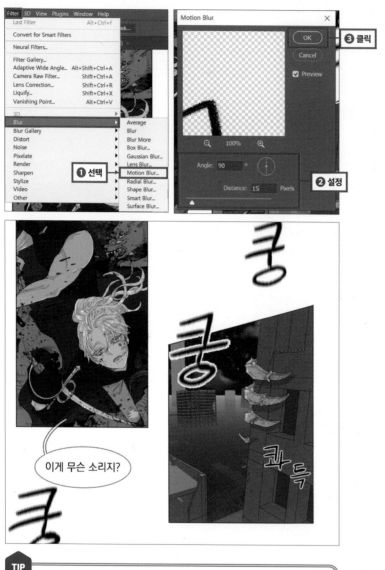

**TIP** 모션 블러 효과를 사용하면 더욱 생동감 넘치고 극적인 연출이 가능합니다.

**09** 아포칼립스 원고가 완성되었습니다.

**TIP** 아포칼립스 장르 특유의 피폐함과 어둠을 연출하기 위해 다양한 질감의 포토샵 브러시를 활용해 보았습니다. 평소에 포토샵 브러시 사이트를 리서치해서 유용할 것 같은 브러시 자료는 미리 다운로드받아 보세요. 작업이 훨씬 수월해질 것입니다.

# 찾 | 아 | 보 | 기